普通高等教育"十三五"汽车类规划教材

汽车发动机拆装

黄贤广　包春江　编

机械工业出版社

本书简要阐述了汽车发动机拆装的基础知识，并以丰田汽车公司 2ZR 发动机、大众公司 BPL 发动机为例，着重阐述了可变气门正时发动机、涡轮增压发动机的结构组成、拆装方法和拆装工艺。本书内容包括发动机总成从车上的拆卸，发动机总成的拆解，零部件的清洗、更换与检查，发动机总成的组装，发动机总成在车上的安装等。本书内容详实，图文并茂，贴近实际，直观易懂。

本书可作为本科车辆工程、汽车服务工程、交通运输等汽车类专业的发动机拆装实训指导教材，也可作为高职高专层次汽车制造与装配技术、汽车检测与维修技术等相关专业的教材，还可作为汽车制造、汽车运用等工程技术人员的参考读物。

本书配有 PPT 课件，采用本书作为教材的教师，可以登录 www.cmpedu.com 注册下载，或向编辑（tian.lee9913@163.com）索取。

图书在版编目（CIP）数据

汽车发动机拆装/黄贤广，包春江编．—北京：机械工业出版社，2019.6（2023.8重印）
　普通高等教育"十三五"汽车类规划教材
　ISBN 978-7-111-62638-1

Ⅰ.①汽… Ⅱ.①黄… ②包… Ⅲ.①汽车—发动机—装配（机械）—高等学校—教材 Ⅳ.①U464.06

中国版本图书馆 CIP 数据核字（2019）第 082299 号

机械工业出版社（北京市百万庄大街22号　邮政编码100037）
策划编辑：宋学敏　责任编辑：宋学敏　赵　帅
责任校对：张　薇　封面设计：张　静
责任印制：张　博
北京雁林吉兆印刷有限公司印刷
2023 年 8 月第 1 版第 2 次印刷
184mm×260mm・11.25 印张・257 千字
标准书号：ISBN 978-7-111-62638-1
定价：30.00 元

电话服务　　　　　　　　网络服务
客服电话：010-88361066　机　工　官　网：www.cmpbook.com
　　　　　010-88379833　机　工　官　博：weibo.com/cmp1952
　　　　　010-68326294　金　　书　　网：www.golden-book.com
封底无防伪标均为盗版　　机工教育服务网：www.cmpedu.com

前言

汽车发动机拆装实训是实现普通高等学校汽车类专业人才培养的一个重要实践环节，是培养学生动手能力、分析和解决实际问题能力的重要教学环节。学生通过对发动机进行拆装，可初步掌握发动机拆装的基本方法，深化对汽车发动机结构、工作原理的理解，了解发动机拆装工艺以及拆装工具的使用，培养动手拆装的实践能力，同时也可提高分析其他类型发动机结构特点的能力，为学习后续专业课程及毕业后从事专业工作打好基础。

本书采用大量图片配合清晰的操作步骤以充分激发学生的拆装兴趣，在编写上具有以下特点：

1) 摒弃了按发动机的组成模块来组织教材内容的方案，而是从生产实际中的整车角度出发，按一种全新的思路和体系进行编写。本书介绍了发动机总成从车上的拆卸，发动机总成的拆解，零部件的清洗、更换与检查，发动机总成的组装，发动机总成在车上的安装等。这样编写使内容更完整，且符合生产实际，更利于学习和参考。

2) 为更好地介绍近年来应用于发动机上的新技术，选取了较新的典型机型。以丰田汽车公司2ZR发动机为例讲述了可变气门正时发动机的拆装，以大众公司BPL发动机为例讲述了涡轮增压发动机的拆装。

3) 对关键知识点进行了系统讲解,通过实践巩固理论知识。

本书由聊城大学黄贤广和包春江编写，在编写过程中，得到了聊城大学车辆工程实验室卢运凯、张思思等老师的大力支持和帮助，在此表示衷心感谢。本书在编写过程中参阅了一些文献资料，在此向有关作者表示衷心的感谢。

由于编者水平有限，错误之处在所难免，恳请广大读者批评指正。

编　者

目 录

前 言
第1章 发动机拆装基础知识 ………………… 1
1.1 发动机拆装应遵循的原则及注意事项 … 1
1.1.1 发动机拆装应遵循的原则 ………… 1
1.1.2 发动机拆装注意事项 ……………… 2
1.2 发动机拆装工具的选择与使用 ………… 4
1.2.1 常用工具 …………………………… 4
1.2.2 专用工具 …………………………… 13
1.3 紧固件、密封件和轴承件的拆装 ……… 15
1.3.1 螺纹联接件的拆装 ………………… 16
1.3.2 锁止件的拆装 ……………………… 17
1.3.3 常用密封件的拆装 ………………… 18
1.3.4 轴承件的拆装 ……………………… 19
第2章 可变气门正时发动机的拆装 ……… 20
2.1 发动机总成的拆卸 ……………………… 20
2.2 发动机总成的拆解 ……………………… 44
2.2.1 发动机外围附件的拆卸 …………… 45
2.2.2 发动机本体的分解 ………………… 52
2.3 发动机零部件的清洗、更换与检查 …… 79
2.3.1 发动机零部件的清洗 ……………… 79
2.3.2 发动机零部件的更换 ……………… 80
2.3.3 发动机零部件的检查 ……………… 84
2.4 发动机总成的组装 ……………………… 98
2.4.1 发动机本体的组装 ………………… 99
2.4.2 发动机外围附件的安装 …………… 124
2.5 发动机总成的安装 ……………………… 129
第3章 涡轮增压发动机的拆装 …………… 145
3.1 发动机总成的拆卸 ……………………… 145
3.2 发动机总成的拆解 ……………………… 153
3.2.1 发动机外围附件的拆卸 …………… 154
3.2.2 发动机本体的分解 ………………… 163
3.3 发动机总成的组装 ……………………… 173
3.3.1 发动机本体的组装 ………………… 173
3.3.2 发动机外围附件的安装 …………… 174
3.4 发动机总成的安装 ……………………… 174
参考文献 ………………………………………… 176

第1章

发动机拆装基础知识

1.1 发动机拆装应遵循的原则及注意事项

在发动机维修作业中,经常需要对各机构和系统进行拆卸和装配,拆装质量与各机构和系统的技术状况有很大关系,也直接决定了发动机的性能。如果拆卸不当,往往会使零件出现缺陷,甚至损坏,影响进一步的使用,增加换件成本。如果装配不当,往往使零件之间不能保持正确的位置及配合关系,影响发动机的使用性能。

1.1.1 发动机拆装应遵循的原则

拆卸的目的是检查和修理发动机的零部件,以便对需要维修、保养的发动机进行维修或保养,或对有缺陷的零件进行修复或更换,使配合关系失常的零件经过维修调整达到规定技术标准。

1. 掌握发动机的构造及工作原理

发动机种类繁多,结构各不相同,如果不了解所拆装发动机的结构特点和工作原理,拆卸时不按规定而随意拆卸、任意敲打,就有可能造成零件的变形或损坏;装配时就可能无法保证正确的位置及配合关系。所以必须了解所拆装发动机的构造和工作原理,这是确保正确拆装的前提。

2. 按需要进行拆卸

零部件经过拆卸,容易产生变形和损坏,特别是过盈配合件更是如此。不必要的拆卸不仅会降低发动机的使用寿命,还会增加修理成本、延长修理工期。因此,应防止盲目的大拆大卸。若不需拆卸就可以判定零件的技术状况,则尽量不予拆卸,以免损坏零件。应遵循"能不拆的就不拆,尽量避免大拆大卸"的原则。

3. 正确地使用工具和设备

为提高拆卸工作效率,减小零部件的损伤和变形,应使用相应的工具和设备,严禁任意敲击和撬打。如在拆卸衬套、齿轮、轴承等紧配合件时,尽量使用压力机或拉拔器,也可用锤子通过敲击尺寸合适的铳子进行分离,但严禁使用铁锤直接敲击零件的工作面。拆卸螺栓联接件时,要选用适当的工具,依螺栓紧固的力矩大小优先选用套筒扳手、梅花扳手和呆扳手,尽量避免使用活动扳手和手钳,防止损坏螺母和螺栓的六角边棱,进而避免给下次拆卸带来不必要的麻烦。在使用条件许可时,呆扳手比活动扳手好,梅花扳手或套筒扳手比呆扳手好,梅花扳手或套筒扳手的六方口比十二方口好。禁止用钳子代替扳手或用钳子、扳手、螺钉旋具代替锤子。

4. 按顺序逐级拆卸

拆卸时，通常采用平行交叉的作业方式，按照由表及里的顺序逐级拆卸。一般是：先拆外，后拆内；先拆附件，后拆主体；首先将总成拆为部件，然后将部件拆为组合件，最后将组合件拆成零件。

5. 拆卸时应考虑装配过程，做好装配准备工作

（1）检查校对装配标记

为了保证一些组合件的装配关系，在拆卸时应对原有的记号加以校对和辨认。没有记号或标记不清的，应重新检查做好标记。有的组合件是分组选配的配合副，或是在装合后加工的不可互换的组合件，如轴承盖、连杆盖等，它们都是与相应装合件一起加工的，均为不可互换的组件，必须做好装配标记，否则将破坏它们的装配关系甚至动平衡。对有特殊要求的拆卸对象，如离合器与飞轮、曲轴与正时齿轮、气门挺杆、曲轴主轴承与轴承盖、连杆与轴承盖等，拆卸时应检查有无标记。

（2）分类、顺序摆放零件

为了便于清洗、检查和装配，零件应按不同的要求分类、顺序摆放。否则，零件胡乱堆放在一起，不仅容易相互磕碰撞伤，还会在装配时造成错装或找不到零件。为此，应将零件归类存放，同一部件的零件应集中在一起放置，不可互换的零件应成对放置，易变形、丢失的零件应专门放置。

6. 装配顺序

装配时本着"先拆的后装，后拆的先装"的原则。一般是：先装内，后装外；先装主体，后装附件；先将零件装配为组合件，后将组合件装配为部件，再将部件装配为总成。应认真辨认装配标记，切勿随意变换装配位置，如活塞、曲轴主轴承盖、连杆轴承盖、凸轮轴轴承盖等。

1.1.2 发动机拆装注意事项

1. 保证安全操作

（1）规范场地环境

整个操作场地内的地面、工具架、工作台、仪表、测试仪等应保持整洁有序，避免燃料、润滑油洒落到地面，并保持场所通风良好，以防止发动机尾气造成环境污染。从一个工作地点转至另一个工作地点时，一定要走指定通道。

（2）规范人员行为

进入工作场地应穿工作服，不准穿拖鞋或易滑鞋等。在车下作业一定要先检查车辆和总成支撑连接是否牢固，两人以上同一部位作业要配合好，以免相互碰撞及损伤。被拆下的零部件及使用后的工具，必须按规定位置摆放整齐。

（3）规范设备使用

当需要顶起汽车的前端或后端时，应在车轮处正确地安放楔块。当顶起汽车时，举升器的垫座或千斤顶的支点要对准车体上的安全支撑点。

（4）时时注意防火

操作时禁止吸烟。燃油、机油等易燃物品应存储在合适的容器内专门放置，且远离火源。浸有燃油或机油的碎布、废纸应专门放置。同时不要乱弃废机油,远离火源。

(5) 电气设备安全

在进行任何电气系统拆装、发动机的移动作业之前,要先拆下蓄电池负极接线。在检修机具和仪器设备电气部分时,一定要先切断电源,并在电源开关处挂上"有人工作、请勿合闸"的标牌,以确保安全。千万不要用潮湿的手接触任何电气设备,也不要让电缆通过潮湿的或溅有油污的地方。此外,不要让电缆通过炽热的表面或者有尖角的地方,以防线路损坏或触电。

2. 保证规范操作

1)为了提高工作效率和保证精度质量,要尽可能使用专用维修工具。拆卸某些特定零件时要使用专门的工具,否则容易弄坏零件,并且有可能无法拆卸。

2)操作中不得将工具、零件等随意乱扔,应摆放整齐、有序,要养成良好习惯。拆卸下来的螺栓、螺母、垫片等要根据其所在的位置和作用,与拆下的部件放在一起,方便安装时取用。

3)每次拆卸零件时,应观察零件的装配状况,看是否有变形、损坏、磨损或划痕等现象,为修理提供依据。对于某些表面要求比较高的部件,如气缸盖下表面、气缸体上表面以及内表面、活塞外表面等,这些部件在放置的时候要格外小心,确保不被外物划伤或磕到。

4)对于结构复杂的组件,以及初次拆卸的零件,要在适当的非工作面上标上记号,以便组装时将其安装到原来的位置。

5)对有较高配合要求的零件,如主轴承盖、连杆轴承盖、气门等,必须做好记号。组装时,按记号装回原位,不能互换。

6)拆卸螺栓时要对每个螺栓均匀用力,按顺时针或者对角的方向,使部件均匀受力,避免拆卸的过程中变形。对于一些较紧的螺栓,拆卸时需要将发动机固定住,一般是两个人合作,防止发动机倾倒。零件装配时,必须符合原车技术要求,包括规定的间隙、拧紧力矩等。

7)组装时,必须做好清洁工作,尤其是重要的配合表面、油道等,要用压缩空气吹净。对于损坏的零件、垫圈等要及时进行更换。

8)注意安装要求,例如,活塞环的三道环之间的角度。有密封要求的地方要涂抹密封胶。安装过程中如果零件或部件被卡住了,不要敲下去,应该拿出来仔细检查,对于正确的安装来说,如果位置正确,是很容易安装而不会被卡住的。在组装每一个部件时要仔细装好每一个零件,不要漏装,安装完毕后要检查一下周围有没有多余的零件。

9)发动机的拆装必须在冷态下进行,防止零件变形,且必须先放净冷却液、机油等,卸除燃油压力。起吊发动机时,必须确保安全。

10)拆卸真空软管和电线插头时,应在接头处用标签注明连接位置,以防安装时出现差错而产生人为故障。拆卸真空软管时,应牵拉软管端口处,不能牵拉软管的中间部分。拉开电线插头时,应牵拉插座,不能牵拉引线部分,以免损伤线头,造成通电不良。

1.2 发动机拆装工具的选择与使用

在发动机拆装过程中，常会用到各种工具，包括常用工具和专用工具。正确地选择和使用这些工具至关重要，决定了拆装过程的工作效率和成败。

1.2.1 常用工具

常用工具有扳手、管钳、螺钉旋具、锤子、手钳、铜棒和撬棍等。

目前常用的扳手工具有呆扳手、两用扳手、梅花扳手、活扳手、钩形扳手、套筒扳手、内六角扳手、扭力扳手等，如图1-1所示。

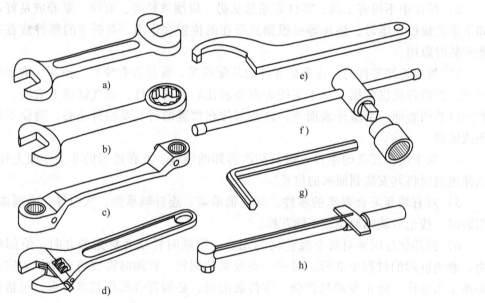

图1-1 常用扳手
a) 呆扳手 b) 两用扳手 c) 梅花扳手 d) 活扳手
e) 钩形扳手 f) 套筒扳手 g) 内六角扳手 h) 扭力扳手

1. 呆扳手

呆扳手也叫开口扳手，是最常见的一种扳手，有双头和单头之分，如图1-2所示。呆扳手主要用来拆装标准规格的螺栓和螺母。图1-2b所示的呆扳手，其开口的中心线和本体中心线一般成15°角，也有些成45°或90°角。这样既能适应人手的操作方向，又可降低对操作空间的要求。按其开口的宽度大小分有8~10mm、12~14mm、17~19mm等规格，通常为成套装备，有8件一套、10件一套等。国外有些呆扳手采用英制单位，适用于英制螺栓拆卸。

呆扳手的使用要求及注意事项如下：

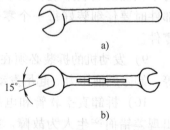

图1-2 呆扳手
a) 单头呆扳手 b) 双头呆扳手

1）使用时应根据螺栓或螺母的尺寸，选择相应开口尺寸的呆扳手。

2）为了防止呆扳手损坏和滑脱，应使拉力作用在开口较厚的一边，如图1-3所示，顺时针扳动呆扳手为正确，逆时针扳动为错误。

3）呆扳手不能用于拧紧力矩较大的螺栓和螺母，扳转时不准在扳手上任意加套管或锤击，以免损坏呆扳手或损伤螺栓、螺母。

4）禁止使用开口处磨损严重的呆扳手，以免损坏螺栓、螺母的棱角。也不能将呆扳手当撬棒使用。

图1-3 呆扳手使用方法

5）禁止用水或酸、碱液清洗呆扳手，应先用煤油或柴油清洗后再涂上一层薄润滑油，然后保管。

2. 梅花扳手

梅花扳手（图1-4）也是常见的一种扳手，两端呈花环状，内孔的2个正多边形相互同心并错开一定角度，按其闭口尺寸的大小分有8~10mm、12~14mm、17~19mm等。通常是成套装备，有8件一套，10件一套等。

很多梅花扳手都有弯头，常见的弯头角度在10°~45°之间，从侧面看旋转螺栓部分和手柄部分是错开的。这种结构方便拆卸、装配在凹陷空间的螺栓、螺母，并可以为手指提供操作间隙，以防止擦伤。在补充拧紧和类似操作中，可以使用梅花扳手对螺栓或螺母施加大力矩。梅花扳手有各种大小，使用时要选择与螺栓或螺母大小对应的梅花扳手。因为梅花扳手钳口多是双六角形的，可以容易地装配螺栓、螺母，方便在一个有限的空间内操作。

在使用梅花扳手时，左手推住梅花扳手与螺栓联接处，保持梅花扳手与螺栓完全配合，防止滑脱，右手握住梅花扳手另一端并加力，如图1-5所示。梅花扳手可将螺栓、螺母的头部全部围住，因此不会损坏棱角，可以施加大力矩。

图1-4 梅花扳手

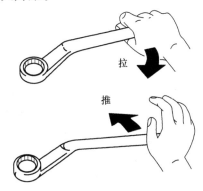

图1-5 梅花扳手使用方法

扳转时，严禁将加长的管子套在梅花扳手上以延伸梅花扳手的长度以增加力矩，严禁捶击梅花扳手以增加力矩，否则会造成工具的损坏。严禁使用有裂纹或内孔已严重磨损的梅花扳手。

使用时根据螺栓或螺母的尺寸，选择相应尺寸的梅花扳手。与呆扳手相比，梅花扳手扳动30°后，即可换位再套，适于狭窄场合下操作，而且强度高，使用时不易滑脱，应优先选用。

3. 两用扳手

为方便操作，有的扳手（图1-6）一头是呆扳手，另一头是梅花扳手，被称为两用扳手。

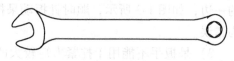

图1-6　两用扳手

4. 套筒扳手

套筒扳手是发动机拆装工作中使用最方便的工具之一，如图1-7所示。套筒扳手包含多个带六角孔或十二角孔的套筒头。按其闭口尺寸大小分为不同的规格，并且配有手柄、棘轮手柄、快速摇柄、接头和接杆等（图1-8），以方便操作并提高效率。

图1-7　套筒扳手

套筒扳手既适用于一般位置的螺栓、螺母的拆装，也适用于拆装安装位置狭窄或凹陷很深，以及需要一定力矩的螺栓或螺母。套筒扳手比梅花扳手更方便、快捷，应优先考虑使用。各种手柄适用于各种不同的场合，以操作方便或提高效率为原则，在发动机维修中还采用了许多专用套筒扳手，如火花塞套筒扳手（图1-9）、轮胎螺母套筒扳手（图1-10，俗称十字架扳手）等。还有一些专用的T形套筒扳手（图1-11），更方便拆装，应更加优先考虑选用。

套筒虽然内凹形状一样，但外径、长短等是针对对应设备的形状和尺寸设计的，国家没有统一规定，所以套筒的设计相对来说比较灵活，符合大众的需要。套筒扳手一般都附有一套各种规格的套筒头以及手柄、接杆、万向接头、旋具接头、弯头手柄等用来套入六角螺母。套筒扳手的套筒头是一个凹六角形的圆筒；套筒扳手通常由碳素结构钢或合金结构钢制成,其头部具有规定的硬度,中间及手柄部分则具有弹性。

套筒扳手一般有加长部件,加长有两种原因:一是方便达到难以达到的地方;二是加长力臂,这样用同样的力,力矩就大,方便拆卸一些比较紧的螺栓。

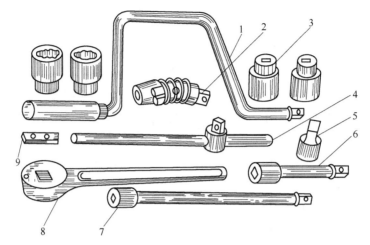

图1-8 套筒扳手组成

1—快速摇柄 2—万向接头 3—套筒头 4—滑头手柄
5—旋具接头 6—短接杆 7—长接杆 8—棘轮手柄 9—直接杆

图1-9 火花塞套筒扳手　　图1-10 轮胎螺母套筒扳手　　图1-11 T形套筒扳手

套筒扳手的使用要求及注意事项如下:

1)套筒扳手在使用时需接触好后再用力,发现套筒或扳手手柄方榫磨损严重、变形或有裂纹时,应停止使用。

2)使用时,根据螺栓、螺母的尺寸选择合适规格、型号的套筒,将其套在快速摇柄的方榫上(视需要与长接杆或短接杆配合使用),再将套筒套住螺栓、螺母,转动快速摇柄进行拆装。

3)使用快速摇柄拆装螺栓、螺母时,保持摇柄与螺栓、螺母同轴,以免套筒滑出或损坏螺栓、螺母。

4)用棘轮手柄扳转时,禁止拆装过紧的螺栓、螺母,以免损坏棘轮手柄。

5)禁止将套筒强行敲入已变形的螺栓、螺母进行拆装,以免损坏套筒。

6）在使用火花塞套筒扳手时，一定要对准火花塞，不可歪斜，应逐渐加大扭力，以防滑脱。若发现阻力很大，应查明原因后再动手拆装火花塞，不可盲目加大力量拆装，转动时用另一只手稍微压住套筒的另一端，以确保操作安全。

7）使用后将套筒擦拭干净，妥善放置。

5. 活扳手

活扳手结构如图1-12所示，其开口尺寸能在一定的范围内任意调整，特别对不规则的螺栓、螺母更能发挥作用，其规格如图1-13所示，以最大开口宽度K（mm）×扳手长度L（mm）来表示。

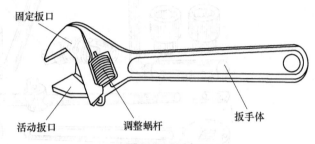

图1-12 活扳手结构

活扳手操作时不太方便，需旋转调整蜗杆才能使活动扳口张开及缩小，而且容易从螺栓或螺母上滑脱，应尽量少用，仅在缺少相应其他扳手（如英制扳手）时使用。使用时也应注意使拉力作用在开口较厚的一边。

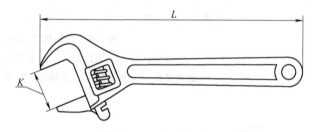

图1-13 活扳手规格

活扳手的使用要求及注意事项如下：

1）使用活扳手时，应根据螺栓、螺母的尺寸将扳手的开口调整合适（不松旷），小心使用以防损坏螺栓、螺母的棱角。

2）如图1-14所示，扳手开口的固定一侧要在施力的一侧，活动端要在支撑的一侧。扳转时，应使固定部分承受拉力，以免损坏扳手的活动部分。

3）扳转时，禁止在活扳手的手柄上任意加套管或锤击，以免力矩过大和受冲击而损坏扳手或螺母。

4）禁止将活扳手当作锤子使用。

5）活扳手操作费时，活动扳口也容易歪斜，螺栓、螺母的头部比较容易受损，故操作时应特别注意。

图1-14 活扳手的使用

> 各类扳手的选用原则：一般优先选用套筒扳手，其次为梅花扳手，再次为呆扳手，最后选活扳手。

6. 扭力扳手

扭力扳手与套筒扳手中的套筒头配合使用，可以直接读出所施加力矩的大小，适用于发动机连杆螺母、缸盖螺栓、曲轴主轴承螺栓、飞轮螺栓等重要螺栓的紧固。如图1-15所示，扭力扳手常用的形式有刻度盘式和预置式，其规格是以最大可测力矩来划分的，如预置扭力扳手的规格有 20N·m、100N·m、250N·m、300N·m、800N·m、2000N·m等。

扭力扳手的使用要求及注意事项如下：

1）使用时，一只手握住扭力扳手与套筒头连接处，另一只手握住手柄加力。用手平稳地拉动扭力扳手的手柄，并观察扭力扳手指针指示的数值。禁止往外推，以免滑脱。

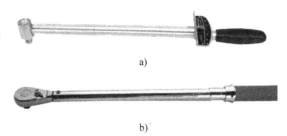

图 1-15 扭力扳手
a）刻度盘式 b）预置式

2）使用时不能用力过猛，不能超出规定的力矩范围使用。使用后应将扭力扳手平稳放置，避免其受重物撞、压，造成扳杆或扳手指针变形而影响其测量精度，甚至损坏扳手。

3）禁止在扭力扳手的手柄上再加套管或锤击。禁止使用无刻度盘或刻度线不清的扭力扳手。

4）预置式扭力扳手在使用前应根据使用要求确定预置力矩值，切勿在达到预置力矩后继续施力，以保证精度、延长使用寿命。用后应将预紧力矩调至初始值。

5）使用后擦拭干净，妥善放置。

7. 内六角扳手

如图 1-16 所示，内六角扳手是呈"L"形、截面为六边形的扳手，用来拆装内六角螺栓（螺塞）。发动机维修作业中用成套内六角扳手，可供拆装 M4~M30 的内六角螺栓。

内六角扳手的使用要求及注意事项如下：

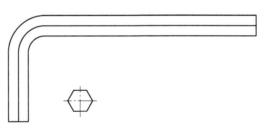

图 1-16 内六角扳手

1）用于拧紧或旋松标准规格的内六角螺栓。

2）拧紧或旋松的力矩较小。

3）内六角扳手的选取应与螺栓内六方孔相适应，不允许使用套管等加长装置，以免损坏螺栓或扳手。

8. 管钳

管钳（图 1-17）主要用于扳转金属管子或其他圆柱形工件。管钳上有牙，工作时会将工件表面咬毛，应避免用来拆装螺栓、螺母。禁止将管钳当作锤子使用。

9. 螺钉旋具

螺钉旋具的结构如图 1-18 所示，其由刀口、刀体和手柄三部分组成。按刀口形状的不同，主要有十字旋具和一字旋具两种（图 1-19），其规格以刀体部分的长度来表示。常用的规格有 100mm、150mm、200mm 和 300mm 等几种。

螺钉旋具用来拆装小螺钉，使用时应根据螺钉沟槽的形状和宽度选用相应的规格。旋

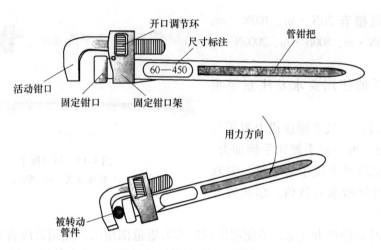

图 1-17 管钳及使用示意图

松螺钉时,除施加旋转力矩外,还应施加适当的轴向力,以防滑脱而损坏零件。

螺钉旋具的使用要求及注意事项如下:

1)选择大小合适的螺钉旋具,在确保刀口能够安全放入螺钉头部槽内的情况下,应尽量选择大一点的螺钉旋具。刀口不得残缺,以免损坏螺钉槽口。

2)使用时,右手握住螺钉旋具,掌心抵住柄端,刀口嵌入螺钉的槽中。螺钉旋具与螺钉同轴,压紧后用手腕扭转。松动后用掌心轻压螺钉旋具,用拇指、中指、食指快速扭转。

3)使用旋具时,不要用手接触零件进行拆装。旋具一旦滑出,很容易弄伤手。如果需要用手接触,需谨慎操作。使用长杆螺钉旋具时,可用左手协助压紧和拧动手柄。

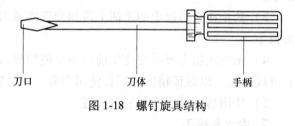

图 1-18 螺钉旋具结构

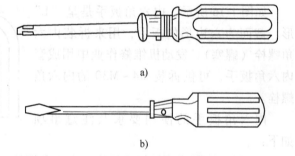

图 1-19 螺钉旋具的类别
a)十字旋具 b)一字旋具

4)不可将螺钉旋具作为撬棍或扁铲来使用,不可在螺钉旋具上用扳手或手钳增加扭力,以免损伤螺钉旋具。也不可用锤子敲击螺钉旋具将其作为錾子使用。

5)不可带电操作。

10. 锤子

锤子按材质不同分为铁锤和非铁质锤两种(图 1-20),铁锤用于粗重物体和需要重击的地方;非铁质锤又包括橡胶锤、木锤和塑料锤等,用于不能重击或容易损坏的地方,二者的使用视情况而定。锤子按形状的不同有多种形式,一端平面略有弧形的是基本工作面,另一端是球面,用来敲击凹凸形状的工件。锤子的规格以锤头质量来表示,以 0.5 ~

0.75kg 最为常用。

如图 1-21 所示,锤子的正确使用方法为:右手握在距离锤柄后端约 10mm 处,握时要注意松紧适度。敲击时,眼睛注视工件,锤击动作要靠手腕的运动,挥锤有三种方法:手挥、肘挥和臂挥。

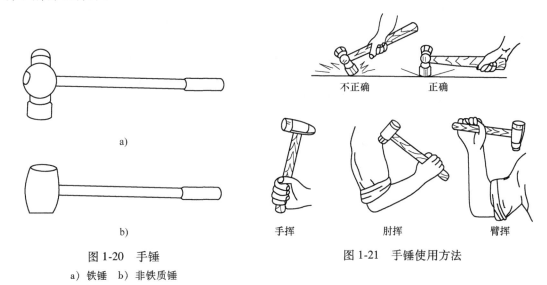

图 1-20 手锤
a) 铁锤 b) 非铁质锤

图 1-21 手锤使用方法

锤子的使用要求和注意事项如下:

1) 使用锤子时,应先检查锤头是否松动,以防锤头脱出伤人。
2) 将手柄和锤头上的油污清理干净,以防锤子从手中滑脱伤人或损坏零件。
3) 锤头应平整地击打在工件上,不得歪斜,防止破坏工件表面。
4) 拆卸零部件时,禁止直接锤击重要表面或易损部位,以防出现表面的破坏或损伤。
5) 若需要锤子在打击钉子时有一定的弹性,需要掌握把柄的位置。
6) 为了使用安全,必须要注意使用时前后左右没有人站立,这样可以避免出现伤害。

11. 手钳

常见的手钳有钢丝钳、鲤鱼钳、尖嘴钳、弯嘴钳和卡簧钳等。

(1) 钢丝钳

钢丝钳主要用于夹持圆柱形零件,也可以代替扳手旋转小螺栓、小螺母,钳口后部的刀口可剪切金属丝。钢丝钳结构如图 1-22 所示,按其钳长分为 150mm、175mm、200mm 三种。

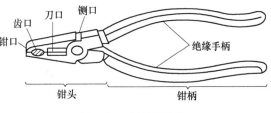

图 1-22 钢丝钳结构

(2) 鲤鱼钳

鲤鱼钳(图 1-23)用于弯曲细小金属材料、夹持扁形或圆形小工件、切断金属丝。其中部凹口粗长,便于夹持圆柱形零件,由于一片钳体上有两个互相贯通的孔,又有一个特殊的销子,操作时钳口的张开度可很方便地变化,以适应夹持不同大小的零件。鲤鱼钳是发动机维修中使用较多的手钳，其规格以钳长来表示，一般有 165mm、200mm 两种。

（3）尖嘴钳、弯嘴钳

尖嘴钳（图 1-24）、弯嘴钳（图 1-25）因其头部细长而得名，能在较小的空

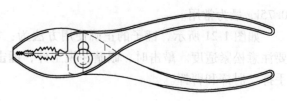

图 1-23　鲤鱼钳

间使用，其刀口也能剪切细小金属丝，可用于夹持卡簧、锁销等圆形或圆柱形小件。使用时用手握住钳柄后端，使钳口开闭、夹紧。使用时不能用力太大，否则钳口头部会变形或断裂。尖嘴钳和弯嘴钳的规格以钳长来表示，发动机拆装常用的是 160mm。

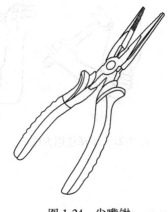

图 1-24　尖嘴钳

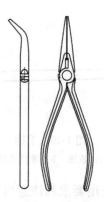

图 1-25　弯嘴钳

（4）卡簧钳

卡簧钳有多种结构形式（图 1-26），用于拆装轴用卡簧（挡圈）和孔用卡簧（挡圈），有内卡簧钳和外卡簧钳之分。使用时根据卡簧（挡圈）的结构形式，选择相应的卡簧钳。内卡簧钳只能拆装孔用卡簧，外卡簧钳只能拆装轴用卡簧，二者不能混用。使用卡簧钳时，用力必须均匀，避免用力过大而导致卡簧滑脱。

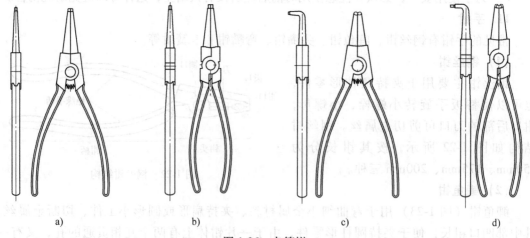

　　　a)　　　　　　　　b)　　　　　　　　c)　　　　　　　　d)

图 1-26　卡簧钳

a）外直卡簧钳　b）内直卡簧钳　c）外弯卡簧钳　d）内弯卡簧钳

12. 铜棒

铜棒用来敲击不允许直接锤击的工件表面，使用时不得用力过大。常将其和锤子配合使用，一只手握住铜棒，将其一端垂直置于工件表面，另一只手用锤子锤击铜棒另一端。

13. 撬棍

撬棍用于撬动旋转件或撬开结合面，也可用于工件的整形。使用时将撬棍稳定地支撑于某一位置，加力使之旋转或撬起。撬棍不可代替铜棒使用，不可用于软材质结合面的撬动。

1.2.2 专用工具

1. 活塞环拆装钳

活塞环拆装钳（图1-27）是一种用于拆装活塞环的专用工具，由钳柄、钳口和控制机构组成。拆装活塞环时，必须使用活塞环拆装钳。

如图1-28所示，使用活塞环拆装钳时，将拆装钳上的环卡卡住活塞环开口，四指和大拇指分别握住钳柄后端手把并稍稍均匀地用力，使拆装钳手把慢慢地收缩，环卡将活塞环慢慢地张开，使活塞环能从活塞环槽中取出或装入。

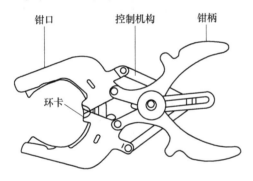

图1-27 活塞环拆装钳结构

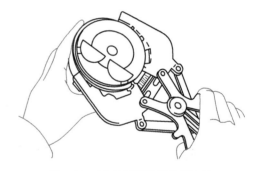

图1-28 活塞环拆装钳使用方法

使用活塞环拆装钳拆装活塞环时，用力必须均匀，避免因用力过猛而导致活塞环折断，避免伤手事故。禁止活塞环开口张开过大而不能复原。

2. 活塞环压缩器

在将活塞连杆组装入气缸时，需使用活塞环压缩器先将活塞环压入活塞环槽内后，再用铜棒或木柄轻敲活塞顶部，才能顺利地将活塞装入气缸（图1-29）。

使用活塞环压缩器时，先用内

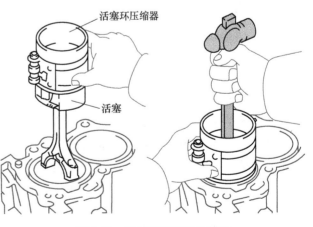

图1-29 活塞环压缩器的使用

四角扳手将活塞环压缩器旋松,然后将其套住活塞,再通过内四角扳手旋紧活塞环压缩器,使其压缩活塞环,并逐渐地完全进入活塞环槽内。

3. 气门弹簧拆装钳

气门弹簧拆装钳是拆装顶置气门弹簧的专用工具,包括弓式和杠杆式等,如图1-30所示。

弓式气门弹簧钳使用时将拆装钳的托架抵住气门,压环对正气门弹簧座,然后压下或转动手柄,使得气门弹簧被压缩到露出气门弹簧锁销或锁片为止。当弹簧锁销或锁片被取下或被装上后,再逐渐慢慢地放开手柄,从而使气门弹簧被取下或被装上,如图1-31所示。

杠杆式气门弹簧钳使用时,先将端钩固定在气缸盖上,压环压到气门弹簧座上,用手压住杠杆的另一端手柄使得气门弹簧被压缩到露出气门弹簧锁销或锁片为止。当弹簧锁销或锁片被取下或被装上后,再逐渐慢慢地放开手柄,从而使气门弹簧被取下或被装上,如图1-32所示。

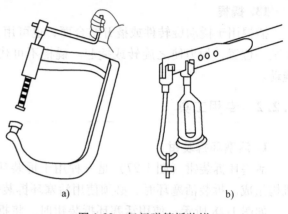

图 1-30 气门弹簧拆装钳
a) 弓式 b) 杠杆式

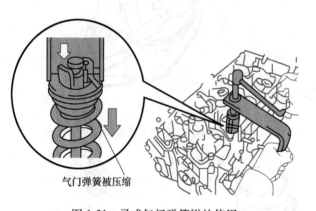

图 1-31 弓式气门弹簧钳的使用

图 1-32 杠杆式气门弹簧钳的使用

4. 滤清器扳手

滤清器扳手是拆装机油滤清器、燃油滤清器的专用工具,在实际工作中包含多种类型,如图1-33所示。其中链条式只能用于拆卸,皮带式只能用于装配,钳式适用于扭转力矩不大的滤清器,手铐式既可用于拆卸也可用于装配,所以使用最广泛。在发动机维修过程中,如果要进行机油滤清器、燃油滤清器等的更换工作,必须使用滤清器扳手。

5. 顶拔器

顶拔器用来拆卸配合较紧的轴承、齿轮等零部件,由拉爪(常见的有二爪、三爪,称为二爪拉码、三爪拉码)、座架、丝杠和手柄等组成。顶拔器包括机械式和液压式等,如图1-34所示。

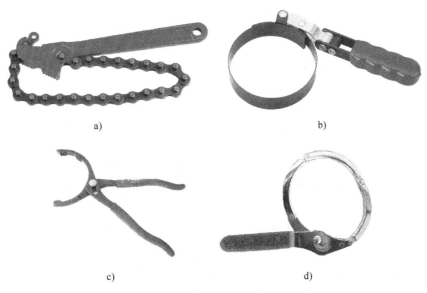

图 1-33 滤清器扳手
a) 链条式　b) 皮带式　c) 钳式　d) 手铸式

使用顶拔器时，根据轴端与被拉工件的距离转动顶拔器的丝杠，至丝杠顶端顶住轴端，拉爪钩住工件的边缘，然后慢慢转动丝杠将工件拉出。顶拔工件时，顶拔器的中心线应与被拉工件轴线保持同轴，以免损坏顶拔器。拉工件时，不能在手柄上随意加装套管，也不能用锤子敲击手柄，以免损坏顶拔器。此外，禁止在轴或轴承部位加热拆卸。

6. 气门油封钳

气门油封钳（图 1-35）用于取出气门油封，用其夹住气门油封，将油封拉出即可。使用时用力不宜太大，以免损伤油封。

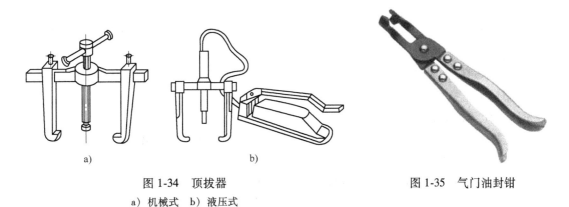

图 1-34　顶拔器　　　　　　　　　图 1-35　气门油封钳
a) 机械式　b) 液压式

1.3　紧固件、密封件和轴承件的拆装

在发动机拆装过程中，经常遇到紧固件、密封件、轴承件的拆装，不同的零部件在

拆装时使用的方法和注意事项各不相同。紧固件包括螺纹紧固、锁止紧固等；密封件包括纸质类、橡胶类和金属类等；轴承件包括滚动轴承、滑动轴承等。

1.3.1 螺纹联接件的拆装

发动机拆装中，螺纹联接件的拆装是最常见的一种工作。螺纹联接件的拆卸一般比较容易，但是如果不注意拆卸方法，容易造成零件损伤，并有可能在机件安装、拆卸时遇到许多问题。此外，螺纹的拧紧程度和次序对装配精度和机器寿命影响很大。

螺纹联接常用的零件有螺栓、螺钉、紧定螺钉、螺母、垫圈及防松零件（如开口销、止动垫片等）等。联接的主要类型有螺栓联接、双头螺柱联接、螺钉联接和紧定螺钉联接等。

1) 拆装螺纹联接件时，工具选用要正确，拆装顺序和拧紧力矩应符合规定。用扳手拆装螺栓（螺母）时，扳手的开口尺寸必须适合螺栓头部或螺母的六方尺寸，不得过松。旋转时，扳手开口与六方平面应尽量靠合。操作空间允许时，要用一只手握住扳手开口处，避免扳手因用力过大脱出。使用螺钉旋具拆装开槽螺钉时，旋具刀头与螺钉槽口的尺寸必须合适。无论拧紧还是旋松螺钉，均要用力将旋具顶住螺钉，避免损坏螺钉槽口，造成拆装困难。

2) 在螺纹联接件中，垫圈非常重要，它既可以保护被联接件的支撑表面，又能防松，因此决不能随意弃之不用，应根据原车要求安装到位。

3) 在螺栓上拧紧螺母或螺孔内拧紧螺栓（螺钉）时，一般先用手旋进一定距离，这样既可以感觉螺纹配合是否合适，又可以提高工作效率。在旋进螺母（螺栓）两圈后，如果感觉阻力很大，应拆下检查原因。如果是因螺纹生锈或夹有铁屑等杂物造成的，清洗后涂少许机油即可解决；如果是因螺纹乱牙造成的，可用板牙或丝锥修整一下；如果是因粗、细螺纹不相配造成的，应重新选配。

4) 在发动机缸体上有许多不通的螺纹孔（盲孔），在旋入螺栓前，必须清除孔中的铁屑、水、油等杂物，否则螺栓将不能拧紧到位，若加力拧进，有可能造成螺栓断裂及缸体开裂等后果。

5) 对不同规格的螺栓、螺母，拆下后应分别放置，装复时须注意螺纹的规格。拆卸时禁止用锤子击打螺栓、螺母及扳手，装螺纹副时不得偏斜，以免损坏螺纹。

6) 锈死螺栓的拆卸：

①先将螺母旋进少许后再退出，反复松动，然后试着将螺栓拧出。

②用锤子震击螺母，借以震碎锈层，以便拧出螺栓。

③在螺母与螺杆间加注汽油或煤油，浸润20~30min，让油渗透到锈层中去。同时，用锤子在螺母四周轻击，使锈层松动，再设法将螺栓或螺母拧出。

④用喷灯或气焊枪对准螺母加热，使其膨胀，趁螺栓尚未热时，迅速拧出。

⑤有条件的可使用除锈剂，去除锈层后将螺栓拧出。

7) 断头螺栓的拆卸：

①螺栓断头露出工件表面有一定长度的，可在断头螺栓上加工出一个能承受力矩的部位，然后将其拧出。如在断头螺栓露出部分锯一槽口并用螺钉旋具拧出螺栓。

②螺栓断在螺孔内，可在螺栓端面上钻一适当的孔，然后打入淬火棱锥以旋出断头螺栓。或在断头螺栓所钻的孔内攻出反向螺纹，并拧入反向螺纹螺钉，按一般拆卸螺栓的方法将断头螺栓拧出。如果条件允许，也可将断头螺栓钻掉，然后重新攻制加大的螺孔。

③断头螺栓露出工件少许，除用拆卸断在螺孔内螺栓的方法外，也可以在断头上焊一螺母，然后按一般拆卸螺栓的方法拧出断头螺栓。

8）双头螺柱的拆卸：

双头螺柱的拆卸要用专用的拆卸工具。如果没有专用的拆卸工具，可用双螺母法拆卸，即在双头螺柱的一端拧上一对螺母，相互锁紧，然后用扳手把它连同双头螺柱一起旋下。

9）成组螺纹联接件的拆卸：

①为了防止因受力不均匀而造成零件变形、损坏，按规定顺序先四周、后中间并按对角线拆卸。先将各螺栓拧松 1/2~1 圈，尽量对称拆卸，以免力量最后集中在某一个螺栓上，从而造成零件难以拆卸和变形。

②应先拆下难拆的螺栓或螺母，否则会因为产生微量变形和零件位置移动而使拆卸变得更加困难。

③对于拆卸后会因受重力而下落的零件，应特别注意安全。除仔细检查是否垫稳、起重索是否捆牢外，应先从下面开始按对称位置拧松螺栓。最上部的一个或两个螺栓应在最后分解吊离时取下来，以免造成事故或损伤零部件。

10）对于有预紧力的螺纹联接件，如气缸盖螺栓，拆卸有困难时，不能硬拆，应用锤子敲打、震松后再拆，且用力要均匀，也可先向相反方向旋转。对于双头螺柱，安装时用力要均匀，按要求旋转至规定的预紧力。

1.3.2　锁止件的拆装

锁止件用来锁止螺栓、螺母等紧固件，还可用来锁止游动件、运动件的装配位置，以保证部件在一定位置的工作性能不受运动影响。销类锁止件有锁销、开口销、横销等；环形锁止件有活塞销卡环、轴承卡环和锁环等；垫类锁止件有弹簧垫圈、锥形垫圈、平垫圈和锁止垫圈等。

锁止件在拆装过程中应注意以下事项：

1）锁销安装时要到位，不能过长、过短或弯曲，不合要求的应予以更换。

2）开口销与孔径应大小相适应，销尾若过长应适当剪掉，装复后两片都应翻卷。

3）横销不能过细或过粗，应与孔径相适应。装配时用锤子在横销尾部轻轻敲入后，再装上弹簧垫圈及锁紧螺母，并拧紧。

4）活塞销卡环、轴承卡环、齿轮轴锁环等均应与运动件有一定的间隙，否则运动件会将卡环或锁环挤断或挤脱，造成事故。

5）一般的螺栓、螺母都要装配弹簧垫圈和平垫圈，平垫圈与机件接触，螺栓、螺母拧紧后，机件、平垫圈及弹簧垫圈之间应无缝隙。

6）锥形垫圈应于特定位置装配。

7）锁止垫圈装在机件与螺母之间，螺母按规定力矩拧紧后，应将锁片卷贴在螺母上，以防螺母松脱。锁止件装上后，应不影响机件的工作性能，否则应重装。

1.3.3 常用密封件的拆装

常用密封件的种类、特点及应用见下表。

表 常用密封件的种类、特点及应用

类型	分类	特点	应用
纸质类	纸板垫	有一定的伸缩性和耐油性，耐水性与耐热性极差且强度低	用于金属体较厚、结合面较平整，对温度和强度要求不高的部位
	石棉纸板垫	具有一定的伸缩性、阻燃耐热性，强度比纸板垫的高，导热性差	用于平整度较好的部位，如汽油泵、汽油滤清器等处的衬垫
	软木垫	质轻、柔软，具有较好的伸缩性，耐油性和耐水性也较好	用于结合面不够平整的部位，如气门室盖衬垫、油底壳衬垫、水泵衬垫
橡胶类	橡胶垫圈、密封胶条、橡胶密封圈	橡胶垫柔软，弹性好，具有较好的伸缩性和一定的韧性	用于密封要求较高、机件结合面不够平整的部位。如气门室罩衬垫、油底壳衬垫、水泵衬垫等
	橡胶油封	具有较好的耐油性、耐热性、耐磨性和使用可靠性	可作为曲轴、传动轴等中高速运转件的油封
金属类	气缸垫、进排气歧管垫、排气管接口垫等	具有较高的耐热性、耐蚀性和伸缩性，并有足够的强度	可作为缸盖垫片、排气管接口垫及进排气歧管垫等

密封件在拆装过程中应注意以下事项：

1）若垫片在拆装中损坏，需将机体上的残留物刮干净，然后换装新垫片，新垫片装上后，应对称分几次拧紧螺栓。

2）橡胶和毛毡类油封复时，应在油封的刃口涂一层润滑油，转动轴数圈后，再对称拧紧油封盖螺栓，使油封与轴颈保持同轴，以延长油封的使用寿命。

3）发动机金属垫一般均有装配方向的要求，装复时必须按规定的方向放置，并按规定的力矩和顺序分几次拧紧螺栓。

4）各种衬垫应尽量不涂密封胶，以减小再次拆卸的难度。

5）橡胶类垫与软木纸板垫装复时，可涂些油脂或密封涂料，紧固螺栓要对称分几次拧紧。

6）油封在拆装时要根据油封的外形与安装位置来选择专用工具，否则将导致油封损坏。安装油封时，使用导向装置压入油封，也可选用圆柱形油封压入装置将油封装入。

7）安装整体式油封时，应先将油封槽内擦洗干净，涂上一层密封胶，并在唇口上涂好润滑油。

1.3.4　轴承件的拆装

轴承件在拆装过程中应注意以下事项：

1）一般轴瓦与止推垫片非常便于拆卸，拆卸时可用手直接取下。当不易拆卸时，可用一字旋具小心地插入轴承盖的狭缝中，将轴承向外撬动进行拆卸。

2）安装轴瓦与止推垫片时，要在其表面涂上机油。注意不能在轴承的背面涂机油，因为其会妨碍传导轴承工作时产生的热量。

3）当敲击安装轴承时，若轴承安装到位会发出清脆的响声，此时应停止敲击，否则会损坏机件。

第2章

可变气门正时发动机的拆装

发动机可变气门正时技术（Variable Valve Timing，VVT）是近些年来被逐渐应用于现代轿车上的一种新技术，在发动机不同转速下匹配更合理的气门开启或关闭时刻，可以提高进气量，使充量系数增加，进一步提高发动机的输出转矩和功率。

本章以丰田汽车公司 2ZR 发动机为例讲述拆装过程。2ZR 发动机为直列 4 缸 16 气门电喷发动机，排量为 1.8L，顶置双凸轮轴，采用双智能可变气门正时（Variable Valve Timing-intelligent，VVT-i），即在进气侧和排气侧均采用了 VVT-i 技术。

2.1 发动机总成的拆卸

本节讲述从一汽丰田卡罗拉汽车上取下 2ZR 发动机总成的过程。发动机与传动桥总成位置示意图如图 2-1 所示，如果采用手动变速器，其连接关系如图 2-2 所示；如果采用自动变速器，其连接关系如图 2-3 所示。

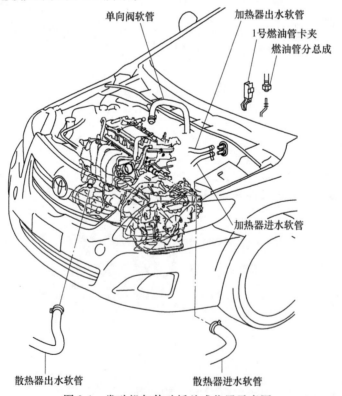

图 2-1　发动机与传动桥总成位置示意图

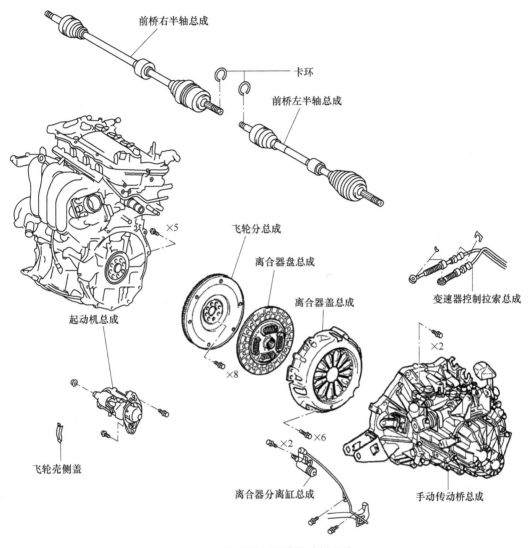

图 2-2 发动机与手动传动桥总成

1）卸载燃油系统压力。
2）拆下后排座椅总成，取下后地板检修孔盖，从燃油泵总成上断开线束插接器。
3）起动发动机，发动机自然停止后将点火开关置于 OFF 位置。
4）再次起动发动机，确认发动机不再起动。
5）拆卸前轮。先使前轮朝向正前位置再进行拆卸。
6）拆卸发动机的散热器上导流板、后部左侧底罩、后部右侧底罩、1 号底罩、2 号底罩等护板（图 2-4）。
7）拆卸发动机防尘罩。
如图 2-5 所示，先分离防尘罩后部再分离前部，取下防尘罩。
8）排空发动机润滑油。
旋下发动机润滑油加注口盖，旋下发动机油底壳上的放油螺塞，将润滑油排入特定容

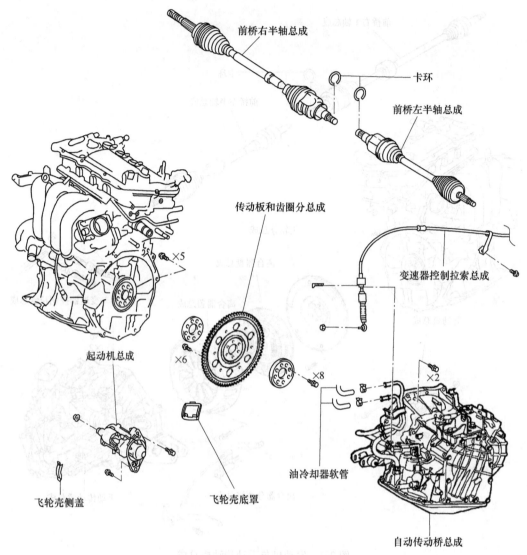

图 2-3 发动机与自动传动桥总成

器中,排空发动机润滑油。

9)排空发动机冷却液。

如图 2-6 所示,旋下散热器储液罐盖,松开散热器放水螺塞,将冷却液放入专用容器中,松开气缸体放水螺塞(位于排气歧管侧的发电机后面),直至排空发动机冷却液。

10)排空传动桥润滑油。

11)拆卸空气滤清器。

空气滤清器一般由空气滤清器盖、空气滤清器壳和滤芯等组成(有些车型的空气流量计安装在空气滤清器盖上,如本机型),其装配示意图如图 2-7 所示。空气滤清器的主要作用是在尽可能降低进气阻力的前提下滤除空气中的杂质或灰尘,让洁净的空气进入气缸。另外,空气滤清器也有降低进气噪声的作用。

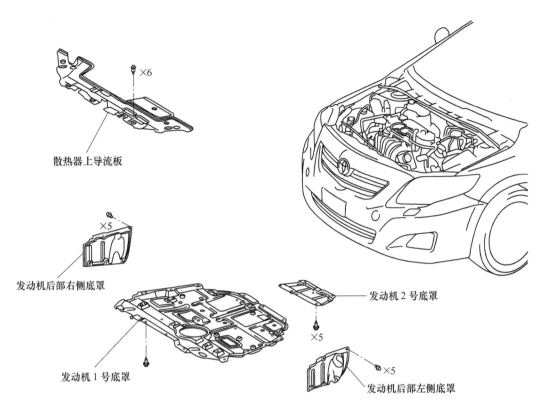

图 2-4 发动机护板

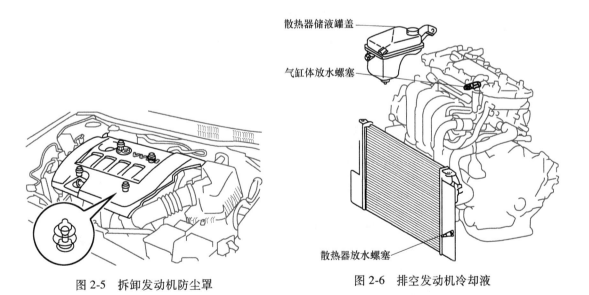

图 2-5 拆卸发动机防尘罩　　　　图 2-6 排空发动机冷却液

①断开空气流量计的线束插头，拆下图 2-8 中箭头所指的两个卡夹，分离空气滤清器盖分总成与空气滤清器壳。

②拆卸图 2-9 中箭头所指的卡箍，断开 2 号通风软管、进气软管的相应连接，取下空气滤清器盖分总成。

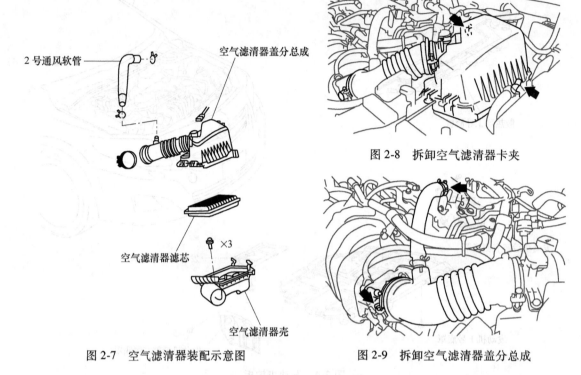

图 2-7　空气滤清器装配示意图

图 2-8　拆卸空气滤清器卡夹

图 2-9　拆卸空气滤清器盖分总成

③拆卸空气滤清器壳。取下空气滤清器滤芯，脱开图 2-10 中箭头 A 所指的线束卡夹，拆下箭头 B 所指的 3 个固定螺栓，拆下空气滤清器壳。

12）拆卸蓄电池及其托架，其装配关系如图 2-11 所示。

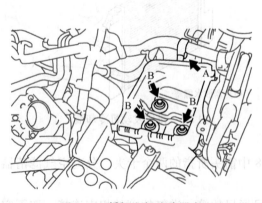

图 2-10　拆卸空气滤清器壳

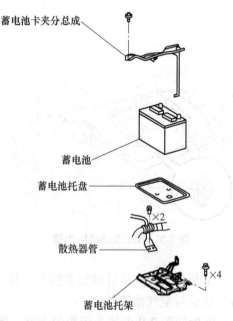

图 2-11　拆卸蓄电池及其托架

① 断开蓄电池正、负极端子，拆下蓄电池卡夹分总成的螺栓和螺母，拆下蓄电池。

【注意】 有些汽车在恢复供电后需要初始化，如大众车系，脱开蓄电池后会造成电控单元记忆丢失，音响系统失灵，所以在断电之前要记录音响系统密码。

② 如图 2-12 所示，从蓄电池托架上脱离两个线束卡夹（图中虚线三角所示）。

③ 拆下图 2-13 中箭头所指的固定螺栓，从蓄电池托架上分离散热器管。

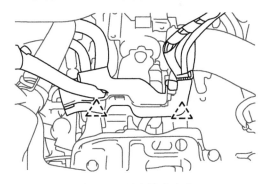

图 2-12 脱离线束卡夹

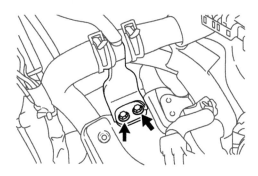

图 2-13 分离散热器管

④ 拆下蓄电池托架的 4 个固定螺栓，取下蓄电池托架。

13）如图 2-14 所示，将散热器进水软管从气缸盖上分离。

14）如图 2-15 所示，将散热器出水软管从气缸体进水口处分离。

15）拆卸变速器控制拉索。变速器控制拉索从属于远距离操纵机构（或间接操纵机构）。

① 对于手动传动桥，如图 2-16 所示，拆下箭头 A 所指的两个卡夹，从传动桥上分开两条拉索；拆下箭头 B 所指的两个卡夹，从控制拉索支架上分开两条拉索，从传动桥上取下控制拉索。

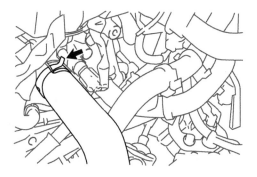

图 2-14 拆卸散热器进水软管

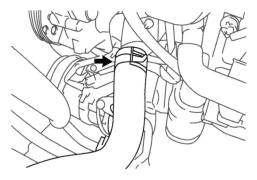

图 2-15 拆卸散热器出水软管

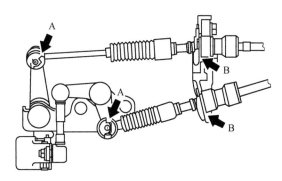

图 2-16 拆卸手动变速器控制拉索

②对于自动传动桥，如图2-17a所示，拆下箭头所指的卡夹，并从控制拉索支架上分离控制拉索；如图2-17b所示，拆下箭头A所指的螺栓，拔下箭头B所指的卡夹，从传动桥上取下控制拉索。

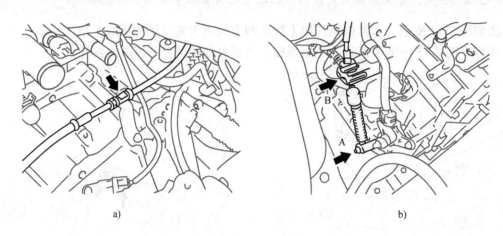

图2-17 拆卸自动变速器控制拉索

16）如图2-18所示，从自动传动桥上断开两条油冷却器软管（仅对于自动传动桥）。

17）如图2-19所示，从炭罐电磁阀上断开1号燃油蒸气供给软管。

18）如图2-20所示，断开单向阀软管接头。

19）分别断开加热器出水软管、加热器进水软管与前后管路的连接。

20）如图2-21所示，松开卡爪并拆下1号燃油管卡夹。

21）清洁连接处污物，如图2-22箭头所示，捏住两侧挡片，将燃油管插接器从燃油管上拉出。

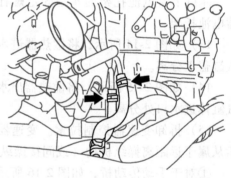

图2-18 断开自动变速器油冷却器软管

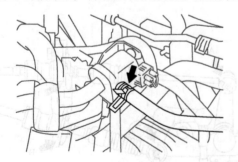

图2-19 断开1号燃油蒸气供给软管

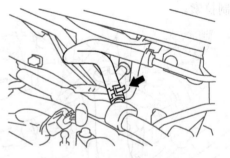

图2-20 断开单向阀软管接头

22）拆卸发电机总成。

发电机在车上的位置如图2-23所示。

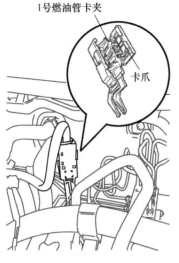

图 2-21　拆卸 1 号燃油管卡夹

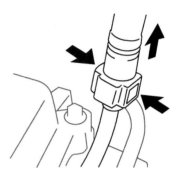

图 2-22　断开燃油管插接器

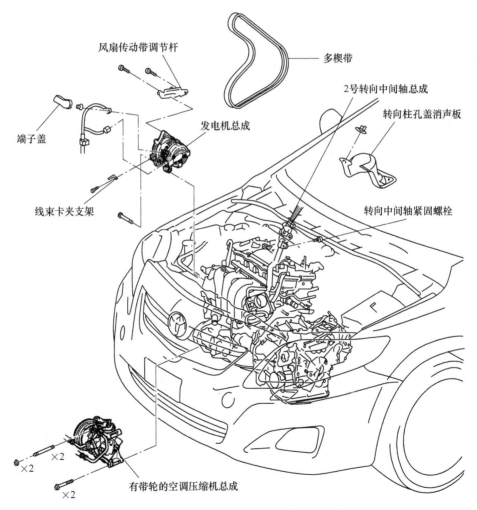

图 2-23　发电机、空调压缩机位置示意图

①如图2-24所示,首先旋松螺栓A和B,然后旋松螺栓C和D,拆卸多楔带。
②拆下端子盖。
③如图2-25所示,旋下螺母A并从端子上取下线束,断开插接器B和线束卡夹C。

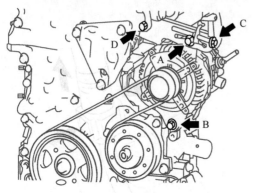

图2-24 拆卸发电机

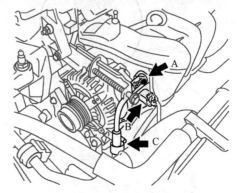

图2-25 断开发电机线束

④旋下图2-24中箭头所指的A、B两个螺栓,取下发电机总成。
⑤旋下图2-24中箭头所指的螺栓D,取下传动带调节杆。
23)拆卸空调压缩机。
空调压缩机在车上的位置如图2-23所示。
①断开空调压缩机的线束插接器。
②如图2-26所示,拆下两个螺栓和两个螺母,再用专用工具拆下两个双头螺柱,将空调压缩机总成和管路移至一旁固定好,避免排出空调系统油液(不必排空空调系统)。

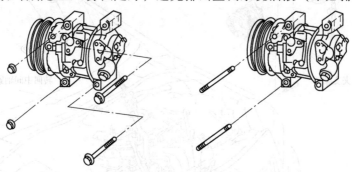

图2-26 拆卸空调压缩机

24)对于手动传动桥,旋下图2-27中箭头所指的5个固定螺栓,取下离合器管支架和离合器工作缸。

25)如图2-28所示,断开箭头A所指的卡夹,将扳杆沿箭头B所示的方向向上拉,断开发动机ECU(电子控制单元)的线束插接器。

26)如图2-29所示,拆下箭头A所指的两个螺母,断开箭头B所指的两个线束插

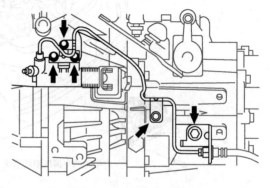

图2-27 拆卸离合器

接器，用一字螺钉旋具沿箭头 C 所示的方向撬开两个卡舌，同时沿箭头 D 所示的方向取下线束。

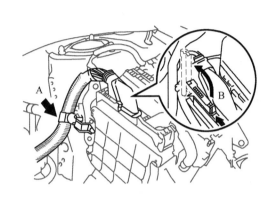

图 2-28　断开发动机 ECU 线束插接器　　　图 2-29　取下发动机 ECU 线束

27）断开搭铁线。
①对于手动传动桥，拆下图 2-30 中箭头所指的螺栓和卡夹。
②对于自动传动桥，拆下图 2-31 中箭头所指的螺栓和卡夹。

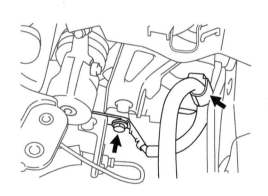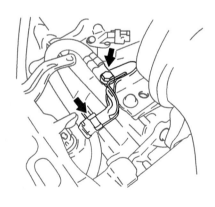

图 2-30　断开手动传动桥搭铁线　　　图 2-31　断开自动传动桥搭铁线

28）拆卸起动机总成。
起动机在车上的位置如图 2-32 所示。
①拆卸飞轮壳侧盖（参见图 2-2）。
②脱开两个线束卡夹，拆下螺栓和线束支架。
③如图 2-33 所示，拆下箭头 A 所指的 30 端子盖、螺母及 30 端子，断开箭头 B 所指的插接器，拆下箭头 C 所指的两个螺栓，取下起动机总成。

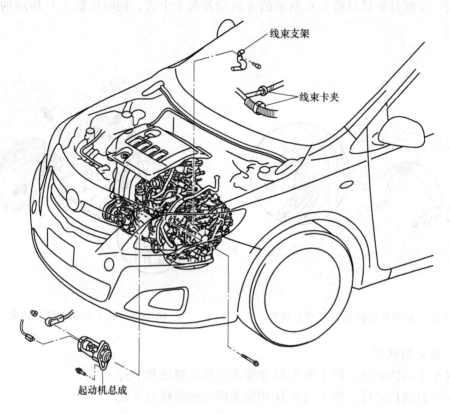

图 2-32 起动机位置示意图

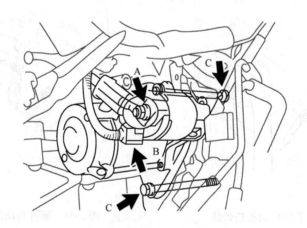

图 2-33 拆卸起动机总成

29）断开转向中间轴。

转向中间轴装配示意图如图 2-34 所示。

①如图 2-35 所示，用安全带固定转向盘，防止螺旋电缆损坏。

②如图 2-36 所示，掀开驾驶侧仪表板下方的地毯，拆下两个卡夹和转向柱孔盖消声板。

第2章 可变气门正时发动机的拆装

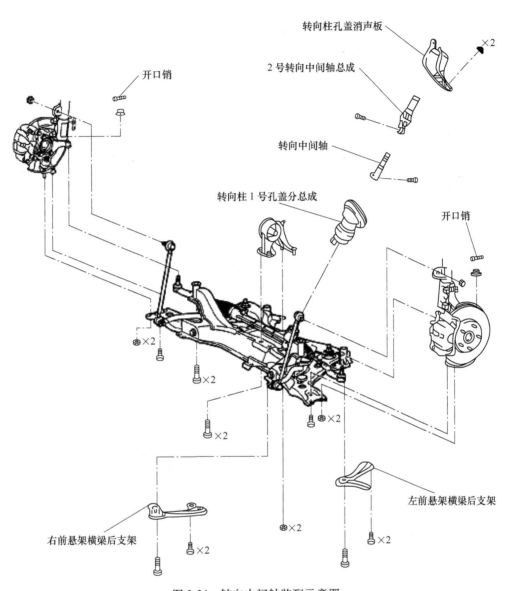

图 2-34 转向中间轴装配示意图

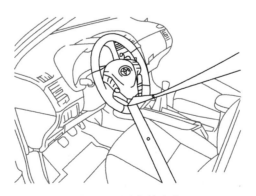

图 2-35 固定转向盘

③如图 2-37 所示，在 2 号转向中间轴总成和转向中间轴的连接处做上装配标记，旋下图 2-38 所示的螺栓，分离 2 号转向中间轴总成和转向中间轴。

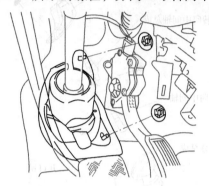

图 2-36　拆卸转向柱孔盖消声板

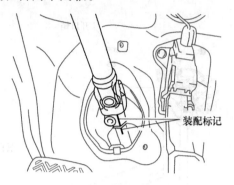

图 2-37　做装配标记

④如图 2-39 所示，脱开卡夹 A 和卡夹 B，断开转向柱 1 号孔盖分总成。

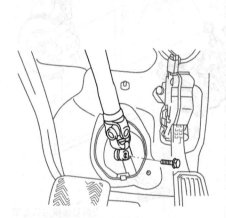

图 2-38　分离转向中间轴

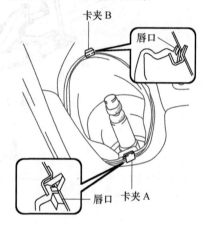

图 2-39　断开转向柱 1 号孔盖分总成

30）拆卸前排气管总成。

前排气管总成装配示意图如图 2-40 所示。

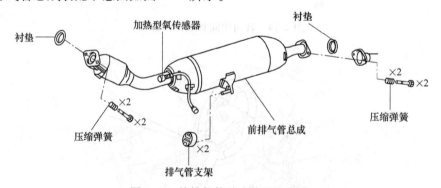

图 2-40　前排气管总成装配示意图

①如图 2-41 所示，断开加热型氧传感器的线束插接器（箭头所指）和线束卡夹（虚线方框所示）。

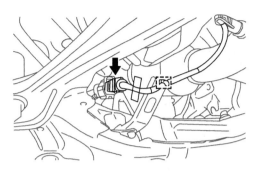

图 2-41　断开氧传感器的连接

②如图 2-42 所示，拆下箭头所指的 4 个螺栓和 4 个压缩弹簧，从两个排气管支架上拆下前排气管总成和两个衬垫。

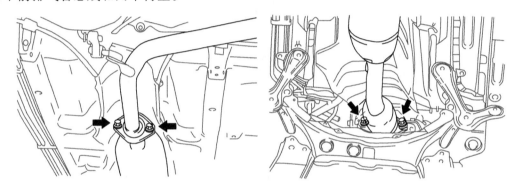

图 2-42　拆卸前排气管总成

31）拆解前桥总成。前桥总成装配示意图如图 2-43 所示。

①拆卸左前桥轮毂螺母。如图 2-44 所示，使用专用工具和锤子松开前桥轮毂螺母的锁紧部位，施加制动的同时拆卸左前桥轮毂螺母。

②拆卸右前桥轮毂螺母，方法同①。

③拆卸左前轮转速传感器。如图 2-45a 所示，拆下螺栓（箭头所指）和卡夹（虚线方框所示），确保左前轮转速传感器线束支架和减振器分离；拆下图 2-45b 中箭头所指的传感器固定螺栓，将左前轮转速传感器与转向节分离。

④拆卸右前轮转速传感器，方法同③。

⑤拆卸左侧横拉杆接头分总成。如图 2-46a 所示，拆下开口销和螺母，将专用工具安装至横拉杆接头处，确保接头上端与专用工具对准；如图 2-46b 所示，使用专用工具从转向节上分离横拉杆接头。

⑥拆卸右侧横拉杆接头分总成，方法同⑤。

⑦拆卸左前稳定杆连杆总成。如图 2-47 所示，使用六角扳手固定稳定杆球头，用梅花扳手转动稳定杆球头的锁紧螺母，从带螺旋弹簧的前减振器上拆下螺母，分离左前稳定杆连杆总成。

⑧拆卸右前稳定杆连杆总成，方法同⑦。

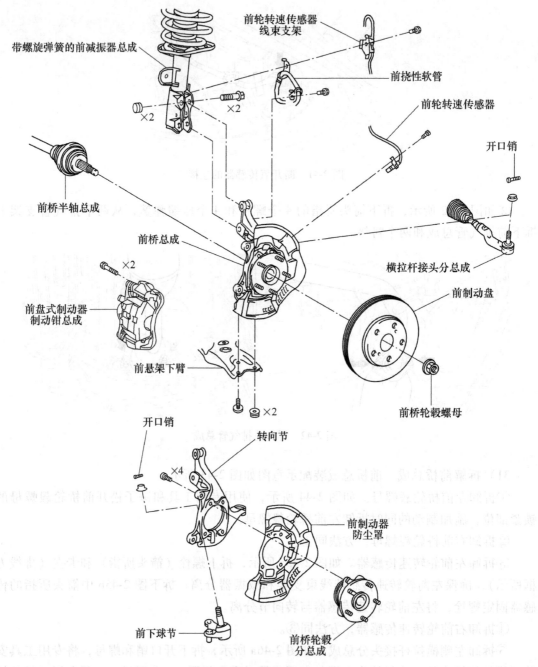

图 2-43 前桥总成装配示意图

⑨拆卸左前悬架下臂。拆下图 2-48 中箭头所指的螺栓和螺母，从前下球节上分离左前悬架下臂。

⑩拆卸右前悬架下臂，方法同⑨。

⑪脱离左半轴。如图 2-49 所示，先在半轴和前桥轮毂上做装配标记，再用橡胶锤轻敲使左半轴从轮毂中脱出。

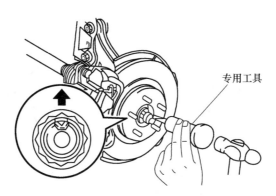

图 2-44 拆卸左前桥轮毂螺母

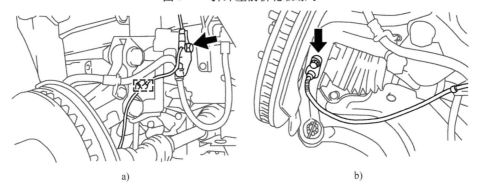

图 2-45 拆卸左前轮转速传感器

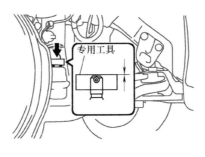

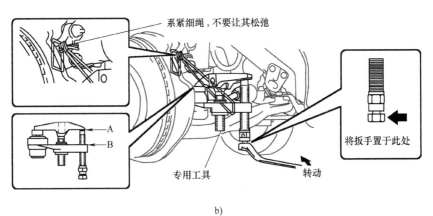

图 2-46 拆卸左侧横拉杆接头分总成

⑫将右半轴从轮毂中脱出，方法同⑪。

32）拆卸半轴。

①拆卸左半轴。如图2-50所示，使用专用工具拆下前桥左半轴，注意不要损坏传动桥壳油封、内侧万向节防尘罩和半轴防尘罩，不要掉落半轴。

②拆卸右半轴。如图2-51所示，用螺钉旋具和锤子拆下前桥右半轴，注意不要损坏传动桥壳油封、内侧万向节防尘罩和半轴防尘罩，不要掉落半轴。

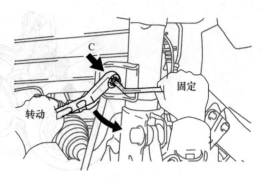

图2-47　拆卸左前稳定杆连杆总成

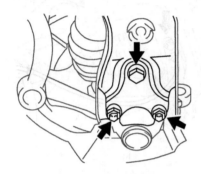

图2-48　拆卸左前悬架下臂

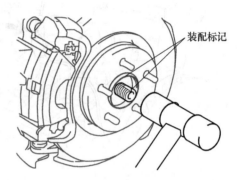

图2-49　脱离左半轴

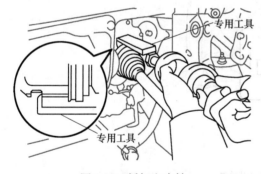

图2-50　拆卸左半轴

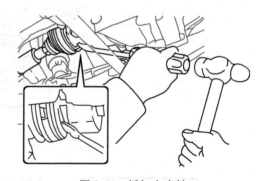

图2-51　拆卸右半轴

33）拆卸前悬架横梁分总成。

前悬架横梁分总成如图2-52所示。

①如图2-53所示，拆下箭头所指的两个螺栓，取下发动机前悬置支架下加强件。

②如图2-54所示，拆下箭头所指的4个螺栓，取下左前悬架横梁加强件。

③取下右前悬架横梁加强件，方法同②。

④如图2-55所示，拆下箭头所指的3个螺栓，取下左前悬架横梁后支架。

⑤取下右前悬架横梁后支架，方法同④。

⑥从前悬架横梁分总成上分离加热型氧传感器线束。

⑦用变速器千斤顶支撑前悬架横梁分总成。

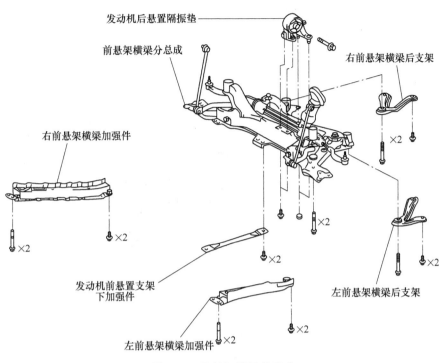

图 2-52 前悬架横梁分总成

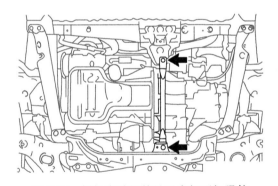

图 2-53 拆卸发动机前悬置支架下加强件

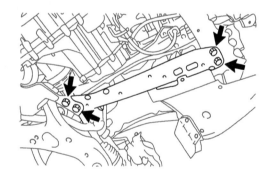

图 2-54 拆卸左前悬架横梁加强件

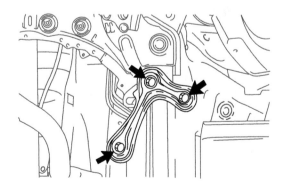

图 2-55 拆卸左前悬架横梁后支架

⑧如图 2-56a 所示，拆下箭头所指的 4 个螺栓和两个螺母（其装配关系如图 2-56b 所示），取下前悬架横梁分总成。

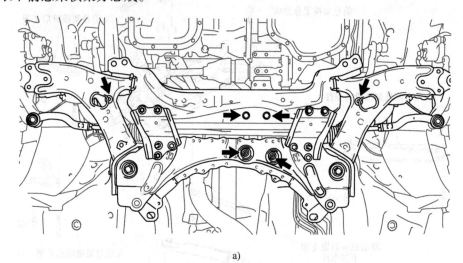

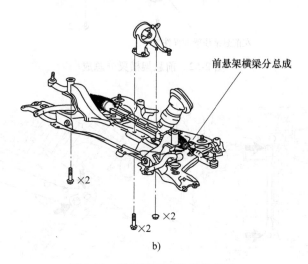

图 2-56 拆卸前悬架横梁分总成

34）拆卸前横梁和前悬置隔振垫。

前横梁装配示意图如图 2-57 所示，发动机一般通过固定在机体上的刚性支架并经弹性的悬置固定在车架或车身上，以隔离发动机的一部分振动。

①拆下图 2-58a 中箭头所指的螺栓和螺母，将发动机前悬置隔振垫与发动机前悬置支架分离。

②拆下图 2-58b 中箭头所指的 4 个螺栓，取下前横梁和前悬置隔振垫。

35）拆卸发动机与传动桥总成。

①如图 2-59 所示，固定升降机并在其工作面上铺

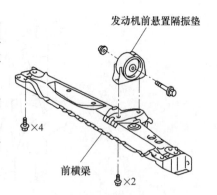

图 2-57 前横梁装配示意图

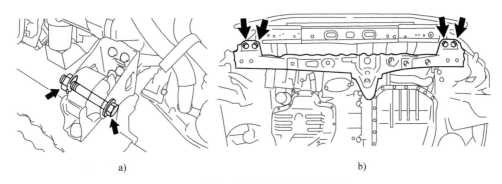

图 2-58 拆卸前横梁和前悬置隔振垫

设木块,将发动机放置在升降机上。

②拆卸图 2-60 中箭头所指的螺栓和螺母,分离发动机右侧悬置隔振垫。

③拆卸图 2-61 中箭头所指的螺栓和螺母,分离发动机左侧悬置隔振垫。

发动机左、右侧悬置隔振垫装配示意图如图 2-62 所示。

④小心地将发动机与传动桥总成从车上拆下(此时还不能从发动机舱中取出)。

36)拆卸发动机悬置隔振垫(此步骤仅在需更换隔振垫时执行)。

图 2-59 固定升降机

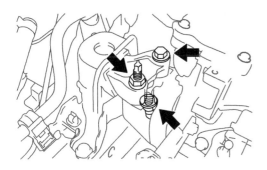

图 2-60 分离发动机右侧悬置隔振垫

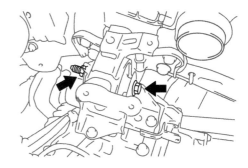

图 2-61 分离发动机左侧悬置隔振垫

①如图 2-63 所示,拆卸箭头所指的螺栓和螺母,从传动桥上分离发动机后悬置隔振垫。

②拆卸图 2-64 中箭头所指的螺栓,取下发动机前悬置隔振垫。

③拆卸图 2-65 中箭头所指的螺栓,取下发动机左侧悬置隔振垫。

④拆下图 2-66a 中箭头所指的螺栓和螺母,从右侧悬置隔振垫上分离空调管路支架。拆下图 2-66b 中箭头所指的螺栓,取下发动机右侧悬置隔振垫。

37)拆卸发动机线束。

断开发动机线束的其他所有连接,确保车身和发动机之间、车身和传动桥总成之间没有任何连接。

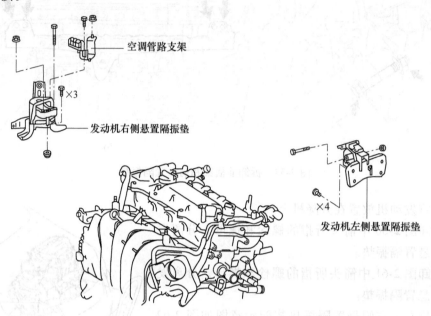

图 2-62 发动机左、右侧悬置隔振垫装配示意图

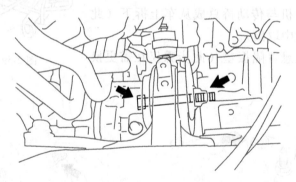

图 2-63 拆卸发动机后悬置隔振垫

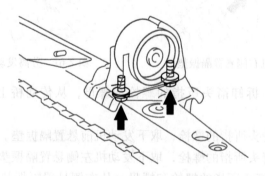

图 2-64 拆卸发动机前悬置隔振垫

38）安装发动机吊架。

如图 2-67 所示，以 43N·m 的力矩安装发动机的两个吊架。先安装发动机前吊架，

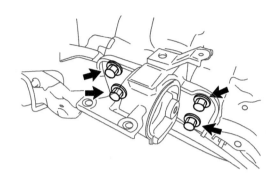

图 2-65 拆卸发动机左侧悬置隔振垫

a)   b)

图 2-66 拆卸发动机右侧悬置隔振垫

拆除空燃比传感器支架后再安装发动机后吊架。

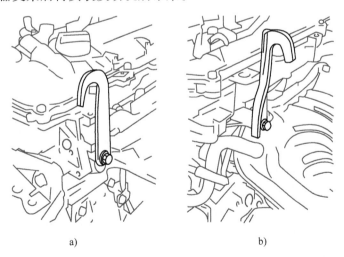

a)   b)

图 2-67 安装发动机吊架

a) 前吊架 b) 后吊架

39）用起重机将发动机与传动桥总成从发动机舱中吊出，放置在台架上。

40）对于手动传动桥，拆卸传动桥总成、离合器和飞轮。

发动机与手动传动桥装配示意图如图2-68所示。

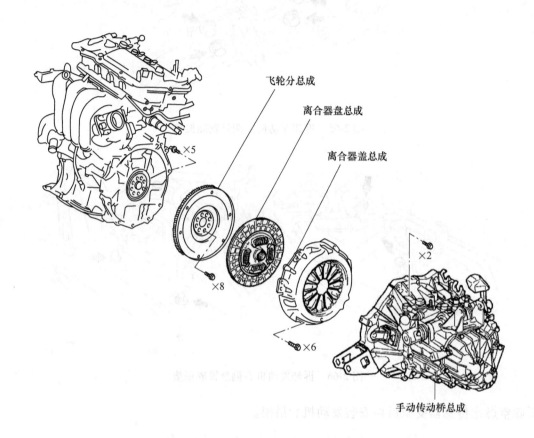

图2-68　发动机与手动传动桥装配示意图

①如图2-69所示，拆下箭头所指的7个螺栓，取下手动传动桥总成，同时取下分离轴承和分离叉等（图2-70）。

②拆卸离合器盖总成和离合器盘总成。首先在离合器盖总成和飞轮分总成上做上装配标记，如图2-71所示。每次将各固定螺栓拧松一圈，直至弹簧张力被完全释放，拆下固定螺栓，取下离合器盖总成，取下离合器盘总成。

③拆卸飞轮。锁住曲轴带轮，按对角顺序拆下箭头所指的飞轮固定螺栓（图2-72），取下飞轮分总成。

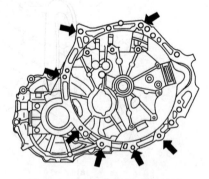

图2-69　拆卸手动传动桥总成

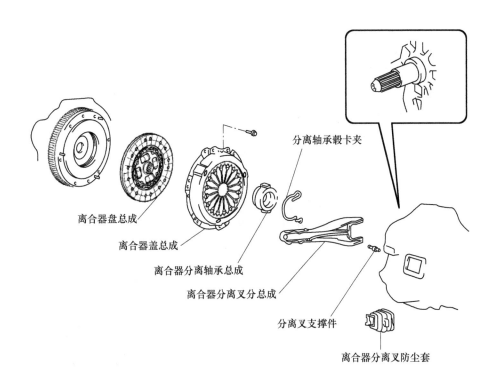

图 2-70　离合器分解图

图 2-71　离合器装配标记

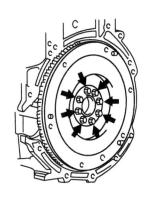

图 2-72　拆卸飞轮

41) 对于自动传动桥，拆卸传动桥总成、传动板和齿圈分总成。
发动机与自动传动桥装配示意图如图 2-73 所示。
① 拆卸飞轮壳底罩，拆卸 6 个传动板和变矩器离合器固定螺栓。
② 拆下桥壳与发动机连接的 7 个螺栓，从发动机上拆下自动传动桥总成。
③ 如图 2-74 所示，按对角顺序拆下箭头所指的 8 个螺栓，取下传动板后隔垫、传动板和齿圈分总成、传动板前隔垫。

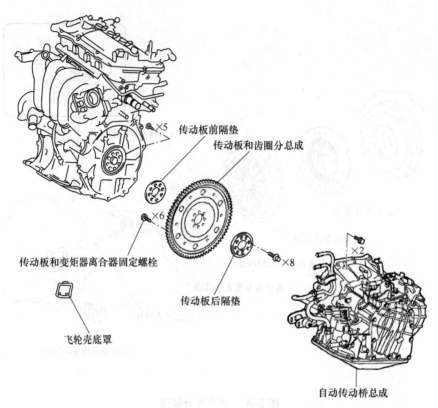

图 2-73　发动机与自动传动桥装配示意图

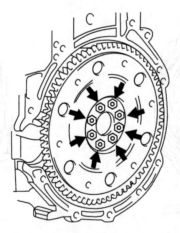

图 2-74　拆卸传动板和齿圈分总成

2.2　发动机总成的拆解

本节讲述发动机总成拆解的过程，拆解时按照先拆卸外围附件再分解本体的顺序进行。首先将发动机总成放置于翻转台架上，取下发动机吊架。发动机电控系统元件如图

2-75 所示。

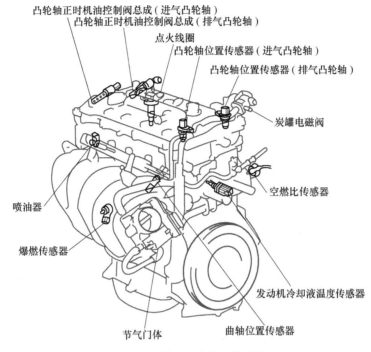

图 2-75　发动机电控系统元件

2.2.1　发动机外围附件的拆卸

发动机外围附件如图 2-76 所示，主要包括进气系统、排气系统、供油系统、冷却系统和点火系统等中的部件。

1）拆卸进气歧管。

①在进气歧管上断开蒸气供给软管与进气歧管的连接、断开真空软管与进气歧管的连接，旋下软管支架紧固螺栓，取下炭罐电磁阀与软管总成。

②断开图 2-77 中箭头所指的两个水旁通软管接头。

③将通风软管从进气歧管上断开。

④如图 2-78 所示，旋下箭头所指的 4 个螺栓和两个螺母，并拆下进气歧管及其撑条，从进气歧管上拆下衬垫。

⑤旋下图 2-79 中箭头所指的线束支架固定螺栓，拆下进气歧管上的线束支架。

2）拆卸发动机供油系统（图 2-80）。

①如图 2-81 所示，断开卡爪，拆下箭头所指的 2 号燃油管卡夹。

②如图 2-82 所示，用专用工具断开并取下燃油管分总成。

③旋下图 2-83 中箭头所指的 3 个固定螺栓，取下输油管分总成。

④如图 2-84 所示，拆下两个 1 号输油管隔垫。

⑤按图 2-85 箭头所示的方向从输油管分总成中拉出 4 个喷油器总成，并从各喷油器

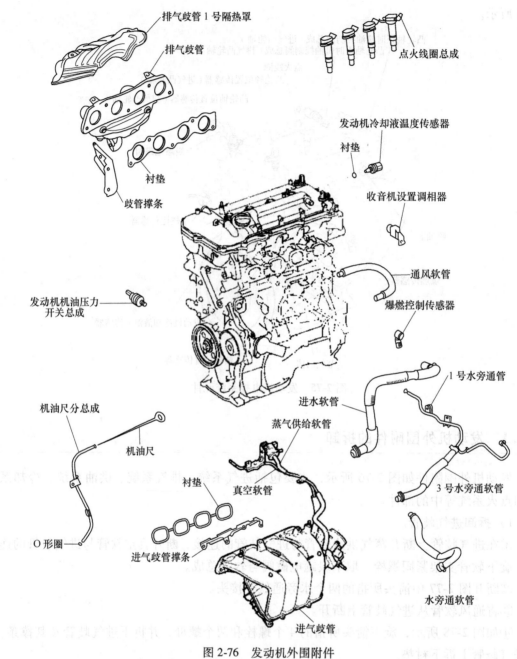

图 2-76 发动机外围附件

上取下 O 形密封圈。

> 【注意】 用塑料袋将喷油器包起来，防止异物进入。

⑥拆下图 2-86 中箭头所指的 4 个喷油器隔振垫。

3）拆卸点火线圈。旋下图 2-87 中箭头所指的点火线圈固定螺栓，取下点火线圈并依次摆放。

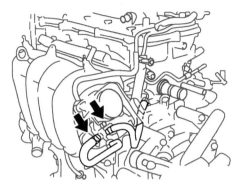

图 2-77 拆卸水旁通软管

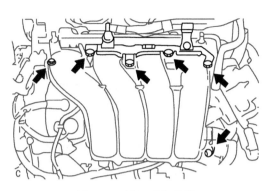

图 2-78 拆卸进气歧管

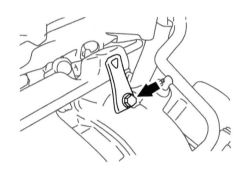

图 2-79 拆卸进气歧管线束支架

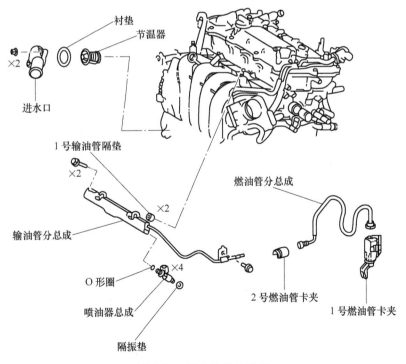

图 2-80 发动机供油系统

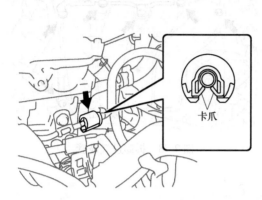

图 2-81　拆卸 2 号燃油管卡夹

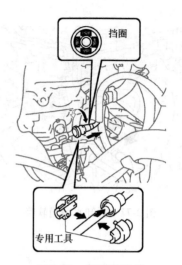

图 2-82　断开燃油管

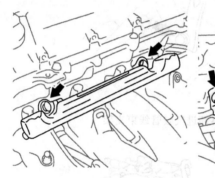

图 2-83　拆卸输油管分总成

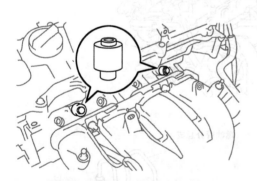

图 2-84　拆卸 1 号输油管隔垫

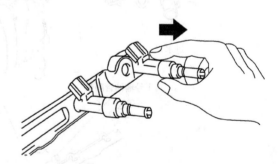

图 2-85　拆卸喷油器总成

【知识点】　点火线圈是将蓄电池或发电机所供给的低压电变成高压电的升压变压器，由初级绕组、次级绕组和铁心等组成，按磁路结构形式的不同分为开磁路和闭磁路两种。

4）拆卸机油尺及其导管。旋下图 2-88 中箭头所指的机油尺导管固定螺栓，取下机油尺及其导管，并将 O 形密封圈从机油尺导管上取下。

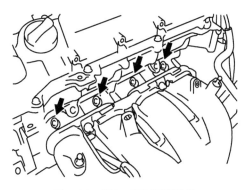

图 2-86 拆卸喷油器隔振垫

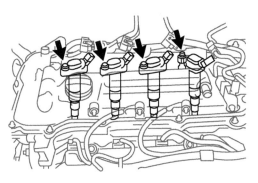

图 2-87 拆卸点火线圈

5）拆卸排气歧管（图 2-89）。

①旋下图 2-90 中箭头所指的排气歧管 1 号隔热罩的 4 个固定螺栓，取下 1 号隔热罩。

②旋下图 2-91 中箭头所指的排气歧管撑条的 3 个固定螺栓，取下排气歧管撑条。

③旋下图 2-92 中箭头所指的排气歧管的 5 个固定螺母，取下排气歧管和排气歧管衬垫。

④旋下排气歧管 2 号隔热罩的固定螺栓，取下排气歧管 2 号隔热罩。

6）拆卸通风软管。松开图 2-93 中箭头所指的卡

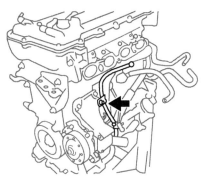

图 2-88 拆卸机油尺导管

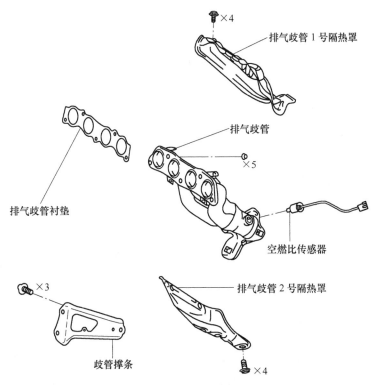

图 2-89 排气歧管

夹，取下通风软管。

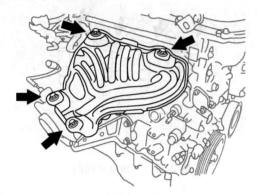

图 2-90　拆卸排气歧管 1 号隔热罩

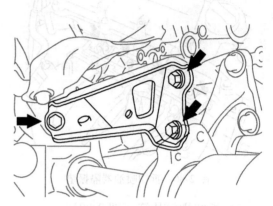

图 2-91　拆卸排气歧管撑条

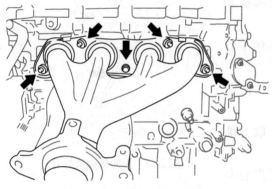

图 2-92　拆卸排气歧管及其衬垫

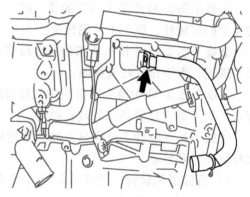

图 2-93　拆卸通风软管

7）拆卸 1 号和 3 号水旁通管总成。

①旋下图 2-94 箭头所指的 1 号水旁通管的 2 个固定螺栓。

②松开图 2-95 箭头所指的卡夹，断开 3 号水旁通软管与进水口壳的连接。

③取下 1 号和 3 号水旁通管总成。

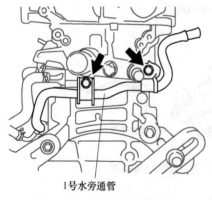

1号水旁通管

图 2-94　拆卸 1 号水旁通管

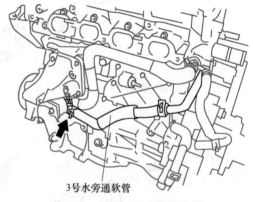

3号水旁通软管

图 2-95　拆卸 3 号水旁通软管

8）拆卸水旁通软管。松开图 2-96 中箭头所指的卡夹，取下水旁通软管。

9）拆卸进水软管。松开图 2-97 中箭头所指的两个卡夹，取下进水软管。

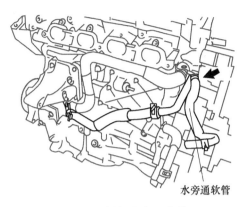

图 2-96 拆卸水旁通软管

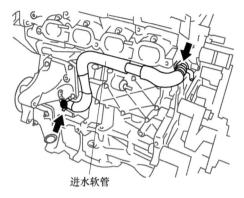

图 2-97 拆卸进水软管

10) 拆卸节温器。

① 旋下图 2-98 中箭头所指的进水口的两个紧固螺母，取下进水口。

② 如图 2-99 所示，将节温器和衬垫一起拆下，并将衬垫从节温器上分离。

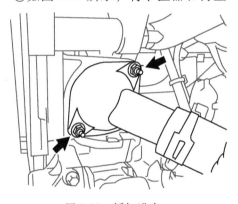

图 2-98 拆卸进水口

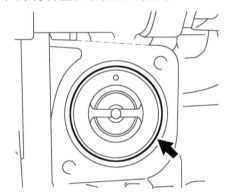

图 2-99 拆卸节温器

【知识点】

节温器是控制冷却液流动路径的阀门，它能根据发动机冷却液温度的高低自动改变冷却液的循环路线及流量，使发动机始终在最适宜的温度下工作。当冷却液温度低于某值时，节温器将冷却液流向散热器的通道关闭，进行小循环；当冷却液温度达到某一规定值时，节温器阀门开启，冷却液流经散热器进行大循环，阀门开度随冷却液温度改变。节温器大多数布置在气缸盖出水管路中；也可布置在散热器的出水管路中（多用于高性能的汽车及在冬季经常高速行驶的汽车）。

目前已广泛使用电子节温器，如大众奥迪 APF（1.6L 直列 4 缸）发动机采用电控蜡式节温器实现灵活控制冷却液温度。发动机 ECU 根据冷却液温度传感器信号，控制电阻丝加热石蜡的强度和时间，通过推杆位移获得预期的发动机冷却液散热流量和冷却液温度。

11) 拆卸收音机设置调相器。旋下图 2-100 中箭头所指的紧固螺栓，取下收音机设置调相器。

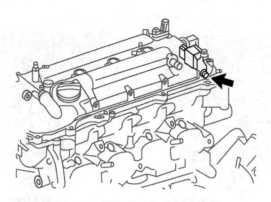

图 2-100 拆卸收音机设置调相器

2.2.2 发动机本体的分解

1）拆解发动机气缸盖罩。发动机气缸盖罩如图 2-101 所示。

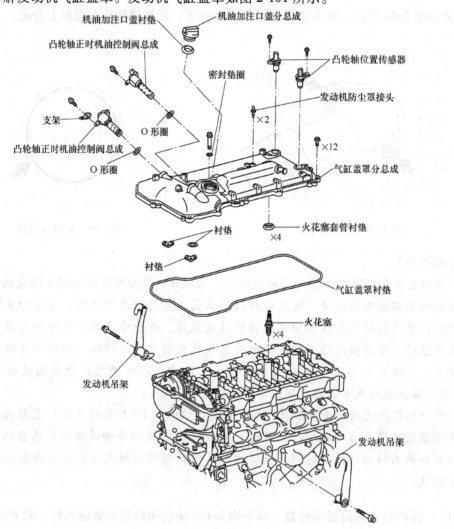

图 2-101 发动机气缸盖罩

①旋下图2-102中箭头所指的机油加注口盖,并拆下衬垫。
②旋下图2-103中箭头所指的发动机防尘罩接头。

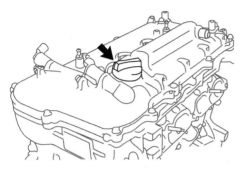

图2-102 拆卸机油加注口盖

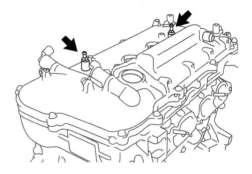

图2-103 拆卸发动机防尘罩接头

③如图2-104所示,用火花塞扳手依次拆下4个火花塞并按顺序摆放。

【知识点】 火花塞将点火线圈产生的高压电引进燃烧室,并在中心电极和侧电极之间产生电火花以点燃混合气。

④分别旋下图2-105中箭头所指的进气侧和排气侧凸轮轴位置传感器的固定螺栓,取下进气侧和排气侧凸轮轴位置传感器。

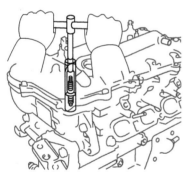

图2-104 拆卸火花塞

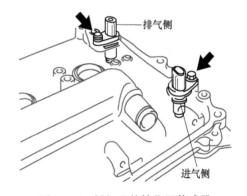

图2-105 拆卸凸轮轴位置传感器

【注意】 需对两个凸轮轴位置传感器做上标记,防止安装时混淆。

【知识点】 凸轮轴位置传感器采集凸轮轴位置信号以便ECU识别气缸活塞位置,从而控制喷油及点火时刻。

⑤如图2-106所示,分别旋下箭头所指的进、排气侧机油控制阀的紧固螺栓,取下两个控制阀和排气侧线束支架。

【注意】 需对两个凸轮轴正时机油控制阀做上标记,防止安装时混淆。

【知识点】 凸轮轴正时机油控制阀根据控制模块的指令转换供给凸轮轴正时齿轮的机油油道,以调整配气定时。

⑥旋下图2-107中箭头所指的气缸盖罩的13个紧固螺栓,将密封垫圈和气缸盖罩一起取下。

【注意】 防止异物落入发动机内部。

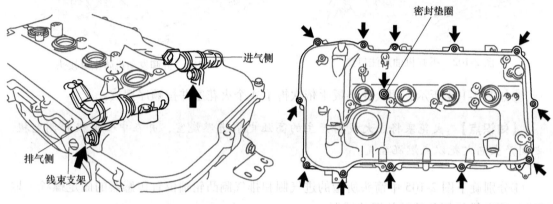

图2-106 拆卸凸轮轴机油控制阀   图2-107 拆卸气缸盖罩

⑦从气缸盖罩上取下图2-108中箭头所指的衬垫。
⑧从凸轮轴轴承盖上取下图2-109中箭头所指的3个衬垫。

【注意】 拆卸气缸盖罩时不要使衬垫掉进发动机,衬垫也可能会黏附到气缸盖罩上。

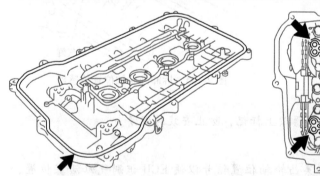
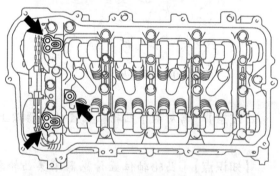

图2-108 拆卸气缸盖罩衬垫   图2-109 拆卸凸轮轴轴承盖衬垫

2)将一缸转到压缩上止点的位置。
①转动曲轴带轮,直到正时槽口与正时链条盖上的正时标记"0"对准,如图2-110所示。
②如图2-111所示,检查并确认凸轮轴正时齿轮上的各正时标记是否分别与轴承盖上的各正时标记对准。如果没有对准,则转动曲轴1圈(360°),将上述正时标记对准。

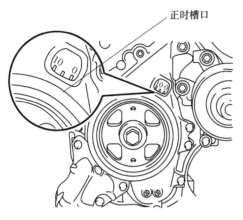
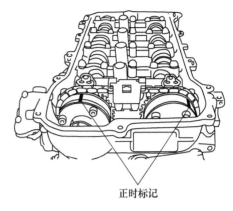

图2-110 曲轴带轮正时槽口　　　　图2-111 凸轮轴正时齿轮正时标记

【知识点】 配气定时（相位）是指以曲轴转角表示的进、排气门开闭时刻及其开启的持续时间。不同型号的发动机其正时标记是有差异的，拆卸前应注意检查标记，如果没有明显标记则需自己做好标记。拆卸前转动曲轴，将一缸活塞置于压缩上止点，观察凸轮轴正时齿轮的标记和曲轴带轮的标记，以便于安装。

3）拆卸曲轴带轮。

①如图2-112所示，用专用工具将带轮固定并按箭头所示的方向松开带轮固定螺栓。

【注意】 安装专用工具时要检查其安装位置，以防止专用工具安装螺栓接触正时链条盖。

②如图2-113所示，用专用工具拆下曲轴带轮和带轮螺栓。

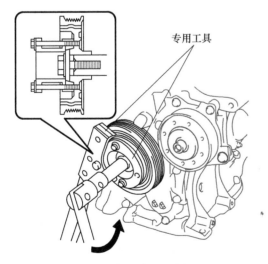
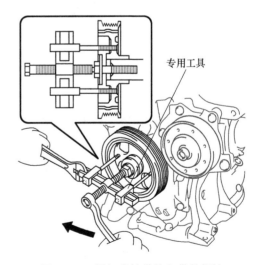

图2-112 旋松带轮固定螺栓　　　　图2-113 拆卸曲轴带轮和带轮螺栓

4）拆卸链条张紧器。旋下图2-114中箭头所指的链条张紧器的2个固定螺母，取下托架、链条张紧器和衬垫。

【注意】 取出链条张紧器后不要转动曲轴。

5）拆卸曲轴位置传感器。旋下图 2-115 中箭头所指的曲轴位置传感器的固定螺栓，取下曲轴位置传感器。

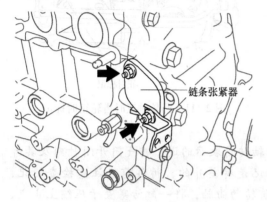

图 2-114 拆卸链条张紧器

图 2-115 拆卸曲轴位置传感器

6）拆卸机油压力开关。旋下图 2-116 中箭头所指的发动机机油压力开关。

7）拆卸锥螺纹塞。旋下图 2-117 中箭头所指的发动机锥螺纹塞。

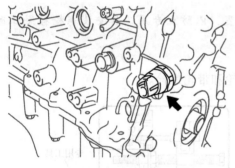

图 2-116 拆卸机油压力开关

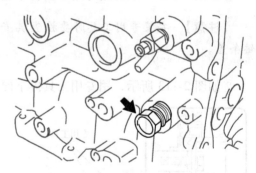

图 2-117 拆卸锥螺纹塞

8）拆卸爆燃传感器。旋下图 2-118 中箭头所指的爆燃传感器的固定螺栓，取下爆燃传感器。

9）拆卸发动机冷却液温度传感器。旋下图 2-119 中箭头所指的发动机冷却液温度传感器。

10）拆解正时链条盖

正时链条盖装配示意图如图 2-120 所示。

①旋下图 2-121 中箭头所指的发动机右侧悬置支架的 3 个固定螺栓，取下发动机右侧悬置支架。

②如图 2-122 所示，用专用工具旋下机油滤清器。

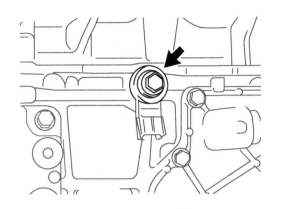

图 2-118 拆卸爆燃传感器

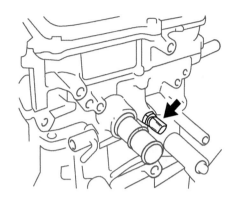

图 2-119 拆卸发动机冷却液温度传感器

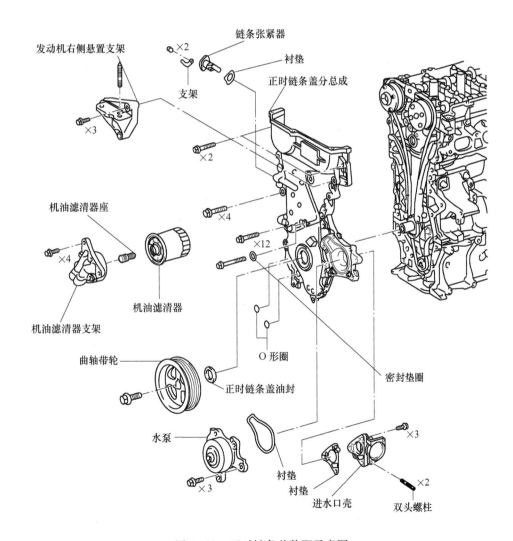

图 2-120 正时链条盖装配示意图

图2-121 拆卸发动机右侧悬置支架

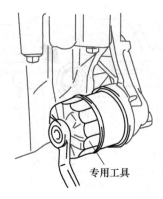

图2-122 拆卸机油滤清器

【注意】 用专用容器收集放出来的机油。

③用12mm六角套筒扳手拆下图2-123箭头所指的机油滤清器座。

④旋下图2-124中箭头所指的机油滤清器支架的4个固定螺栓，取下机油滤清器支架。

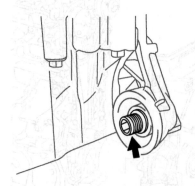

图2-123 拆卸机油滤清器座

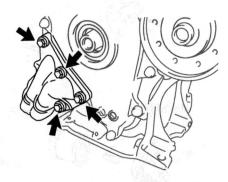

图2-124 拆卸机油滤清器支架

⑤取下图2-125中箭头所指的2个O形密封圈。

⑥旋下图2-126中箭头所指的正时链条盖的19个固定螺栓，并取下密封垫圈。

⑦如图2-127所示，用头部缠有保护胶带的一字旋具，撬动正时链条盖与气缸盖、气缸体之间的部位，拆下正时链条盖。

【注意】 不要损坏正时链条盖、气缸体和气缸盖的接触面。

⑧取下图2-128中箭头所指的3个O形密封圈。

⑨旋下图2-129中箭头所指的水泵的3个固定螺栓，取下水泵。

⑩如图2-130所示，拆下水泵的衬垫。

⑪如图2-131所示，使用头部缠有保护胶带的一字旋具和锤子拆下正时链条盖油封。

【注意】 拆卸过程中不要损伤正时链条盖油封。

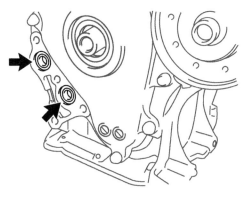

图 2-125　拆卸机油滤清器支架 O 形密封圈

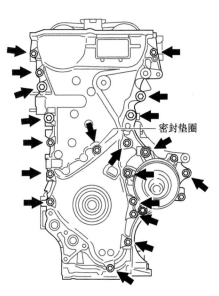

图 2-126　拆卸正时链条盖固定螺栓

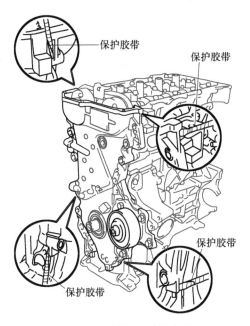

图 2-127　拆卸正时链条盖

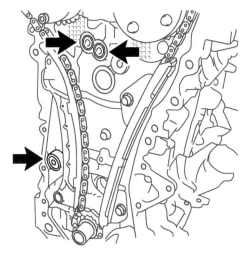

图 2-128　拆卸正时链条盖 O 形密封圈

⑫旋下图 2-132 中箭头所指的进水口壳的 3 个固定螺栓，取下进水口壳和衬垫。

11）拆卸发电机支架。旋下图 2-133 中箭头所指的发电机支架的 4 个固定螺栓，取下发电机支架。

12）拆卸链条张紧器导板。拆下图 2-134 中箭头所指的链条张紧器导板。

13）拆卸 1 号链条振动阻尼器。旋下图 2-135 中箭头所指的 1 号链条振动阻尼器的固定螺栓，取下 1 号链条振动阻尼器。

图 2-129 拆卸水泵

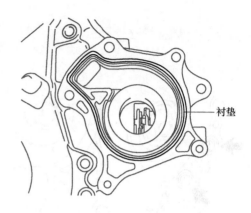

图 2-130 拆卸水泵衬垫

衬垫

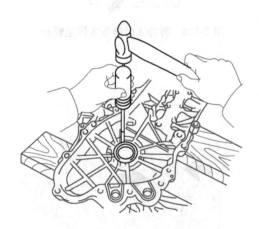

图 2-131 拆卸正时链条盖油封

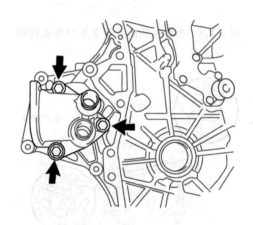

图 2-132 拆卸进水口壳

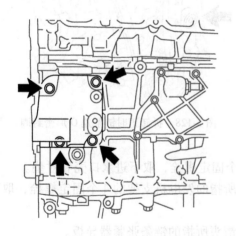

图 2-133 拆卸发电机支架

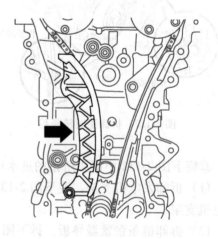

图 2-134 拆卸链条张紧器导板

14）拆卸正时链条分总成。

正时链条装配示意图如图 2-136 所示。

①如图 2-137 所示，用扳手逆时针转动进气凸轮轴六角头部分一定角度以松开进、排气凸轮轴正时齿轮之间的链条，将链条分别从进、排气凸轮轴正时齿轮的轮齿上取下并将链条放置在轮齿外侧，顺时针转动进气凸轮轴使其回到自然位置。

②将链条从曲轴正时链轮上松开，取下正时链条。

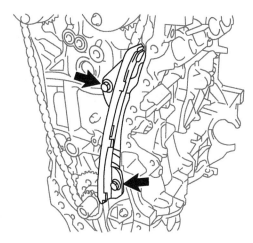

图 2-135　拆卸 1 号链条振动阻尼器

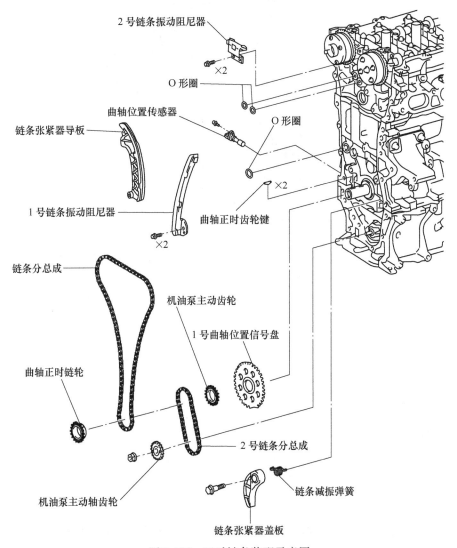

图 2-136　正时链条装配示意图

【知识点】 正时链条上一般有装配标记，拆卸时应注意观察以便安装，正时链条终身免维护。

有些发动机使用正时皮带，在拆卸时应标记好正时皮带的旋转方向，安装时不可装反。正时皮带要定期检查，并按照原厂指定的里程或时间更换。

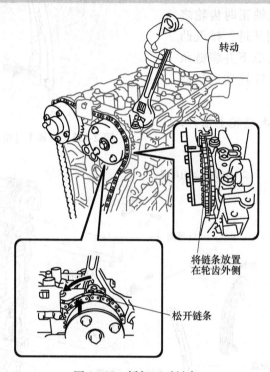

图 2-137 拆卸正时链条

15）拆卸 2 号链条振动阻尼器。旋下图 2-138 中箭头所指的 2 号链条振动阻尼器的固定螺栓，取下 2 号链条振动阻尼器。

16）拆卸曲轴正时链轮。拆下图 2-139 中箭头所指的曲轴正时链轮。

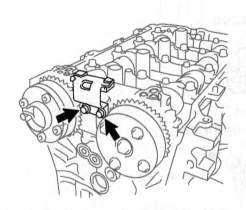

图 2-138 拆卸 2 号链条振动阻尼器

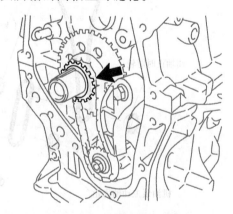

图 2-139 拆卸曲轴正时链轮

17）拆卸2号链条分总成。2号链条分总成装配关系参见图2-136。

①暂时紧固曲轴带轮螺栓。

②如图2-140所示，顺时针转动曲轴90°，以便将机油泵主动轴齿轮的调节孔对准机油泵的凹槽。

【注意】 转动曲轴时不要超过90°。如果曲轴转动过多且没有安装正时链条，气门可能会撞到活塞并造成损坏。

③拆下曲轴带轮螺栓。

④如图2-141所示，将一个直径为3mm的销子穿过机油泵主动轴齿轮的调节孔直至插入凹槽，以便将齿轮锁住，然后旋下机油泵主动轴齿轮的固定螺母。

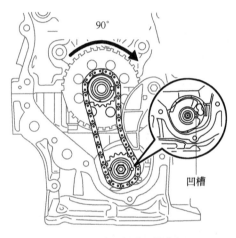

图2-140 机油泵凹槽位置

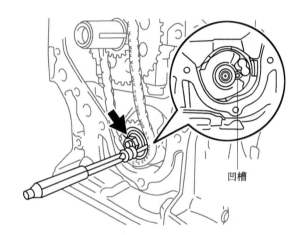

图2-141 拆卸机油泵主动轴齿轮固定螺母

⑤如图2-142所示，旋下机油泵链条张紧器的固定螺栓，取下链条张紧器盖板和链条减振弹簧。

⑥取下机油泵主动齿轮、机油泵主动轴齿轮和2号链条分总成。

18）拆卸曲轴位置信号盘。向外拉出图2-143中箭头所指的曲轴位置信号盘。

19）拆卸曲轴正时齿轮键。如图2-144所示，将一字旋具头部缠上保护胶带，拆下两个曲轴正时齿轮键。

20）拆卸进气凸轮轴正时齿轮总成。

VVT-i系统由进气凸轮轴正时齿轮总成、排气凸轮轴正时齿轮总成（如图2-145中所示）、凸轮轴正时机油控制阀、凸轮轴位置传感器、曲轴位置传感器及电子控制单元等组成。

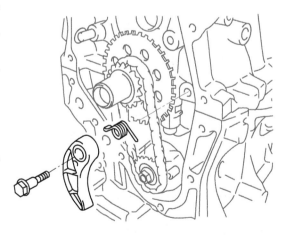

图2-142 拆卸机油泵链条张紧器

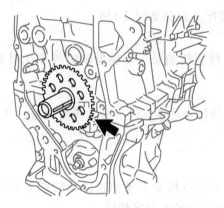 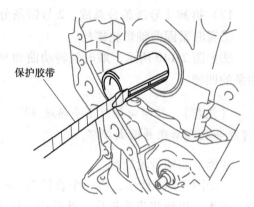

图 2-143　拆卸曲轴位置信号盘　　　　图 2-144　拆卸曲轴正时齿轮键

【知识点】　当发动机熄火时，凸轮轴正时齿轮总成内部的锁销处于锁止状态，如果对正时齿轮总成的安装螺栓进行拆卸，此时施加在锁销上的水平力可能会导致锁销损坏。所以，在拆卸凸轮轴正时齿轮总成前，应确保锁销已松开。

①检查进气凸轮轴正时齿轮总成的锁止情况。

②松开锁销。清理并除去1号凸轮轴轴承盖进气侧上的VVT机油孔的油脂后，如图2-146所示，用胶带将机油孔完全密封以防止空气泄漏，并在密封机油孔的胶带上刺一个孔。如图2-147所示，向刺出的孔中施加大约150kPa的空气压力，以松开锁销。

【注意】　a）如果空气泄漏，则应重新用胶带密封；b）施加空气压力时用抹布盖住机油孔，防止机油飞溅；c）如果由于孔口漏气而难以施加足够的空气压力，锁销可能难以松开。

③用力将凸轮轴正时齿轮总成朝提前方向（逆时针）旋转。

【注意】　根据施加的空气压力，进气凸轮轴正时齿轮总成可能不需用手即能朝提前方向转动。

④在可移动范围（26.5°~28.5°）内旋转凸轮轴正时齿轮总成2~3次（图2-148），但不要将其转到最大延迟位置，确保凸轮轴正时齿轮总成转动顺畅。

⑤从1号凸轮轴轴承盖上拆下胶带。

⑥如图2-149所示，在固定进气凸轮轴六角头部分的同时旋下凸缘螺栓，沿箭头所示的方向拆下进气凸轮轴正时齿轮总成。

【注意】　a）拆卸进气凸轮轴正时齿轮前要确保锁销已松开，且不要拆下另外4个螺栓；b）将凸轮轴正时齿轮总成从凸轮轴上拆下时，要使其保持水平。

21）拆卸排气凸轮轴正时齿轮总成。

①检查排气凸轮轴正时齿轮总成的锁止情况。

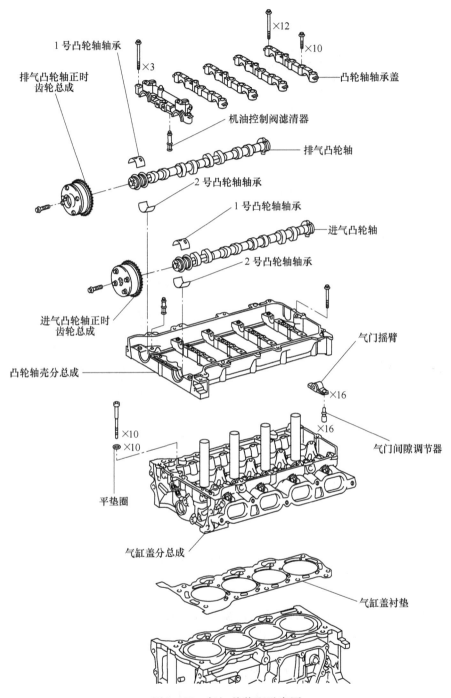

图 2-145 气缸盖装配示意图

②松开锁销。清理并除去 1 号凸轮轴轴承盖排气侧上的 VVT 机油孔的油脂后用胶带将机油孔完全密封，以防止空气泄漏，如图 2-150 所示，并在密封机油孔的胶带上刺一个孔，如图 2-151 所示，向刺出的孔中施加大约 200kPa 的空气压力，以松开锁销。

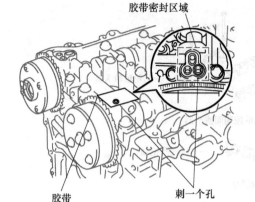

图 2-146　密封进气凸轮轴机油孔

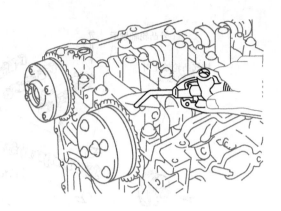

图 2-147　松开进气凸轮轴正时齿轮锁销

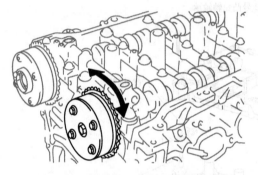

图 2-148　转动进气凸轮轴正时齿轮

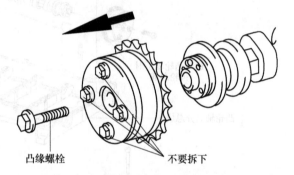

图 2-149　拆卸进气凸轮轴正时齿轮

【注意】 a）如果空气泄漏，则应重新用胶带密封；b）施加空气压力时用抹布盖住机油孔，防止机油飞溅；c）如果由于孔口漏气而难以施加足够的空气压力，锁销可能难以松开。

③使用头部缠有胶带的一字旋具，用力朝延迟方向（顺时针）转动排气凸轮轴正时齿轮总成。

【注意】 用旋具确保排气凸轮轴正时齿轮保持在延迟方向，如果齿轮松开，它将在弹簧力的作用下自动回到最大提前位置。

④使用头部缠有胶带的一字旋具，在可移动范围（19°~21°）内旋转排气凸轮轴正时齿轮总成2~3次（图2-152），但不要将其转到最大提前位置，确保排气凸轮轴正时齿轮转动顺畅。

⑤从1号凸轮轴轴承盖上拆下胶带。

⑥如图2-153所示，在固定排气凸轮轴六角头部分的同时旋下凸缘螺栓，沿箭头所示的方向拆下排气凸轮轴正时齿轮总成。

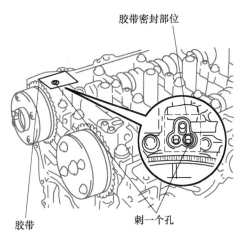

图 2-150 密封排气凸轮轴机油孔

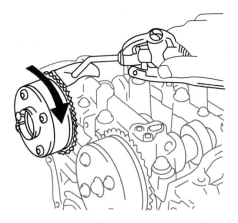

图 2-151 松开排气凸轮轴正时齿轮锁销

【注意】 a）拆卸排气凸轮轴正时齿轮前要确保锁销已松开，且不要拆下另外 4 个螺栓；b）将排气凸轮轴正时齿轮总成从凸轮轴上拆下时，要使其保持水平。

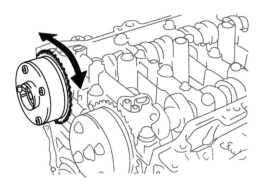

图 2-152 转动排气凸轮轴正时齿轮

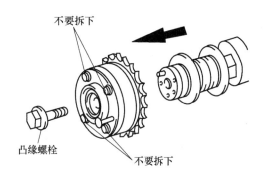

图 2-153 拆卸排气凸轮轴正时齿轮

22）拆卸凸轮轴轴承盖。

①按图 2-154a 箭头所示的顺序，均匀地旋松并取下 10 个轴承盖螺栓。

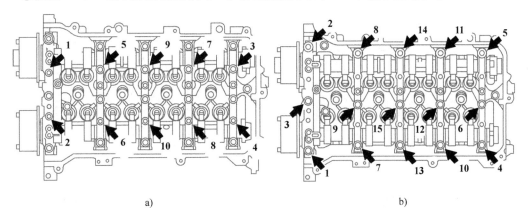

a)   b)

图 2-154 拆卸凸轮轴轴承盖

②按图2-154b箭头所示的顺序,均匀地旋松并取下15个轴承盖螺栓。

③拆下5个轴承盖,并按正确的顺序依次摆放。

④如图2-155所示,从1号凸轮轴轴承盖上按箭头所示的方向取下机油控制阀滤清器。

⑤如图2-156所示,从1号凸轮轴轴承盖上取下两个1号凸轮轴轴承。

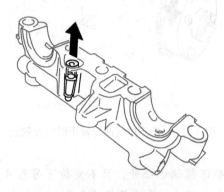
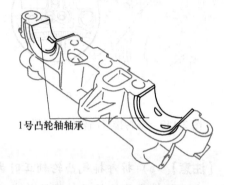

图2-155 拆卸机油控制阀滤清器　　　　图2-156 拆卸1号凸轮轴轴承

23)拆卸进、排气凸轮轴(图2-157)。

24)拆卸2号凸轮轴轴承和气门摇臂。如图2-158所示,取下2个2号凸轮轴轴承和16个气门摇臂,并将气门摇臂按正确的顺序依次放好。

25)拆卸气门间隙调节器。如图2-159所示,从气缸盖上取下16个气门间隙调节器,并按正确的顺序依次放好。

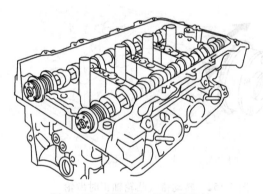

图2-157 拆卸进、排气凸轮轴

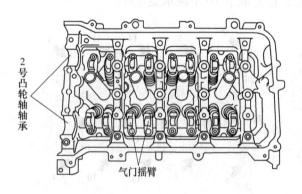
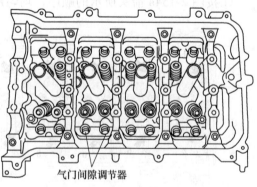

图2-158 拆卸2号凸轮轴轴承和气门摇臂　　　图2-159 拆卸气门间隙调节器

【知识点】 气门间隙。

①定义：发动机在冷态下当气门处于关闭状态时，气门与传动件之间的间隙称为气门间隙。

②预留气门间隙的原因：发动机工作时，气门及其传动件，如挺柱、推杆等都将因受热膨胀而伸长。如果气门及其传动件之间在冷态下无间隙或间隙过小，则在热态下，气门及其传动件因受热膨胀势必引起气门关闭不严，造成发动机在压缩行程和做功行程中漏气，从而使功率下降，严重时甚至不易起动。为了消除这种现象，通常在发动机冷态装配时，在气门及其传动机构中留有一定的间隙，以补偿气门受热后的膨胀量。

26）拆卸凸轮轴壳分总成。

①如图 2-160 所示，旋下箭头所指的凸轮轴壳的 2 个固定螺栓。

②如图 2-161 所示，使用头部缠有胶带的一字旋具，撬动凸轮轴壳和气缸盖之间的部位，取下凸轮轴壳。

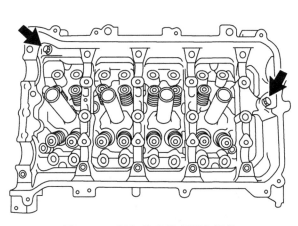

图 2-160 拆卸凸轮轴壳固定螺栓

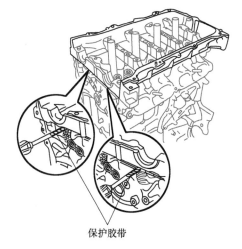

图 2-161 拆卸凸轮轴壳

27）拆卸气缸盖分总成。按图 2-162 箭头所示的顺序，分多次均匀地旋松并取下气缸盖的 10 个固定螺栓和垫圈。使用头部缠有胶带的一字旋具，撬动气缸盖和气缸体之间的部位，拆下气缸盖。

【知识点】 气缸盖固定螺栓应按照对角、由外及内的顺序分多次旋松。

28）拆卸气缸盖衬垫。如图 2-163 所示，取下气缸盖衬垫。

29）拆解气门组（图 2-164）。气门组分为进气门组和排气门组，包括气门、气门导管衬套、气门弹簧、气门弹簧座、气门杆油封、气门弹簧座圈、气门弹簧座圈锁片、气门杆盖等。

①如图 2-165 所示，取下气门杆盖，按装配关系依次摆放。

②如图 2-166 所示，在气缸盖下垫置木块使其离开工作面一定距离，用气门弹簧钳压缩并拆下气门弹簧座圈锁片，然后取下气门弹簧座圈、气门弹簧和进气门，并将以上零

件按装配关系依次摆放。

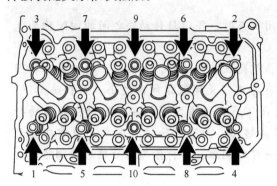

图 2-162 拆卸气缸盖

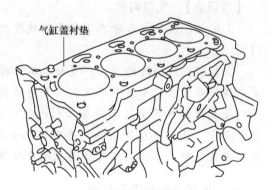

图 2-163 拆卸气缸盖衬垫

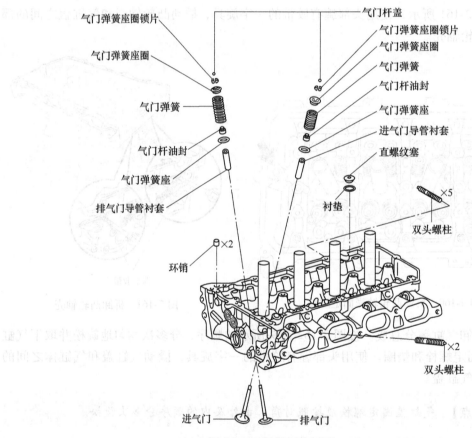

图 2-164 气门组分解图

③如图 2-167 所示,用与拆卸进气门同样的方法拆卸排气门。

④如图 2-168 所示,用尖嘴钳拆下气门杆油封。

⑤如图 2-169 所示,用压缩空气吹动气门弹簧座,然后用磁棒将其取出。

⑥拆卸直螺纹塞。如图 2-170 所示,用 10mm 直六角扳手拆下 3 个直螺纹塞及 3 个衬垫。

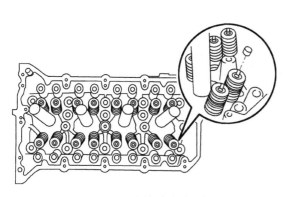

图 2-165　拆卸气门杆盖　　　　　图 2-166　拆卸进气门

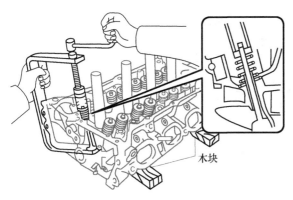 

图 2-167　拆卸排气门　　　　　图 2-168　拆卸气门杆油封

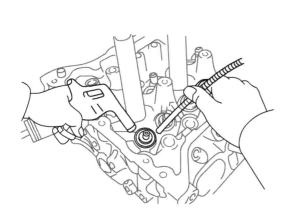 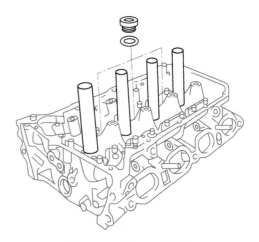

图 2-169　拆卸气门弹簧座　　　　　图 2-170　拆卸直螺纹塞

30）拆卸气缸体放水开关。

图 2-171 所示为气缸体、曲轴箱、油底壳装配示意图，如图 2-172 所示，旋下箭头所指的气缸体放水开关。

31）拆卸通风阀与通风箱。

①旋下图 2-173 中箭头所指的通风阀。

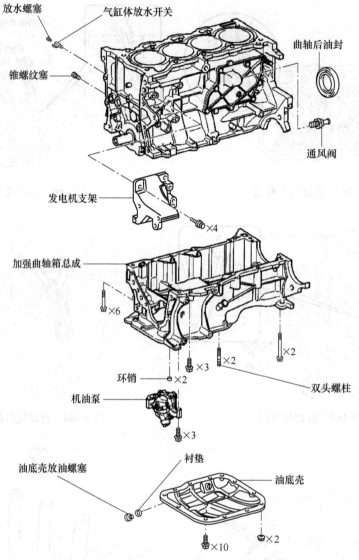

图 2-171 气缸体、曲轴箱、油底壳装配示意图

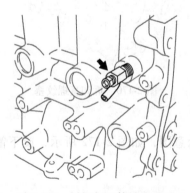

图 2-172 拆卸气缸体放水开关

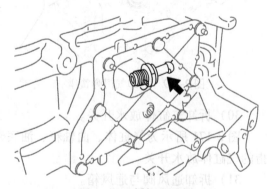

图 2-173 拆卸通风阀

② 旋下图 2-174 中箭头所指的通风箱固定螺栓和螺母。

③ 如图 2-175 所示，使用头部缠有胶带的一字旋具撬动通风箱和气缸体之间的部位，取下通风箱。

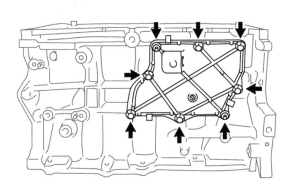

图 2-174　拆卸通风箱固定螺栓和螺母

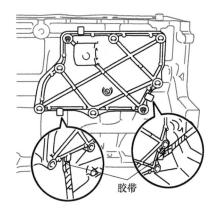

图 2-175　拆卸通风箱

32）拆卸油底壳。

① 旋下图 2-176 中箭头所指的油底壳放油螺塞，并取下衬垫。

② 旋下图 2-177 中箭头所指的油底壳的 10 个螺栓和 2 个螺母。

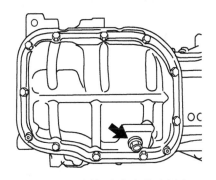

图 2-176　拆卸油底壳放油螺塞

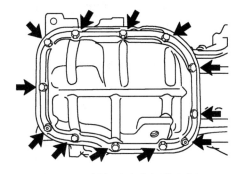

图 2-177　拆卸油底壳螺栓和螺母

③ 如图 2-178 所示，将油底壳密封刮刀的刃片插入加强曲轴箱和油底壳之间，切断密封胶并拆下油底壳。

【注意】　不要损坏曲轴箱、链条盖和油底壳的接触面。

33）拆卸机油泵。旋下图 2-179 中箭头所指的机油泵紧固螺栓，取下机油泵。

34）拆卸曲轴后油封。如图 2-180 所示，使用头部缠有胶带的一字旋具撬出曲轴后油封。

35）拆卸加强曲轴箱。

① 旋下图 2-181 中箭头所指的加强曲轴箱固定螺栓。

② 如图 2-182 所示，使用头部缠有胶带的一字旋具，撬动加强曲轴箱和气缸体之间的结合部位，取下加强曲轴箱。

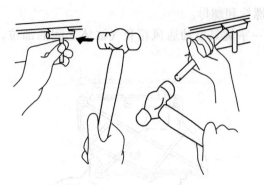

图 2-178 清除油底壳密封胶

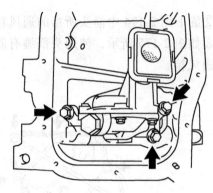

图 2-179 拆卸机油泵

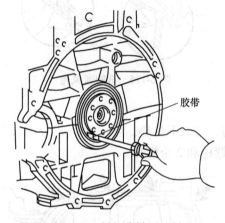

图 2-180 拆卸曲轴后油封

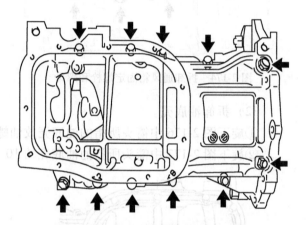

图 2-181 拆卸加强曲轴箱固定螺栓

【注意】 不要损伤加强曲轴箱和气缸体之间的接触面。

36）拆卸活塞连杆组。活塞连杆组装配示意图如图 2-183 所示，包括活塞、活塞销、活塞环组件、连杆、连杆轴承、连杆盖、连杆盖螺栓等，活塞环分为气环和油环，油环包括油环刮片和油环胀圈等。

①如图 2-184 所示，使用铰刀清理气缸顶部的积炭。

②如图 2-185 所示，检查连杆和连杆盖的装配标记以确保重新装配时的正确性。

③如图 2-186 所示，将一缸活塞转到下止点，均匀旋下连杆与连杆盖的联接螺栓。

④如图 2-187 所示，使用旋下来的连杆盖螺栓左右摇动连杆盖，拆下连杆盖和下轴承。

⑤推动连杆，从气缸的顶部抽出活塞连杆总成。

⑥取下连杆上轴承。

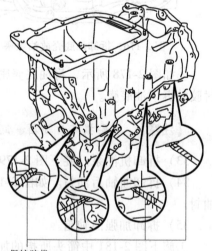

图 2-182 拆卸加强曲轴箱

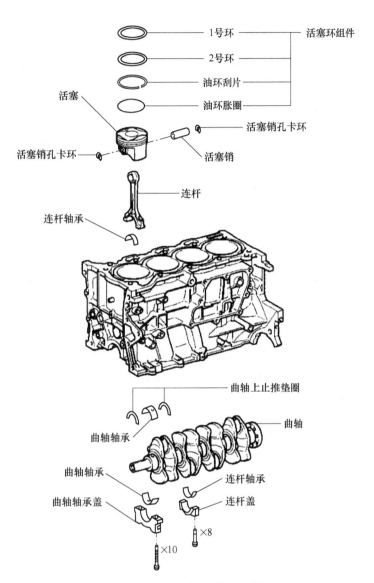

图 2-183 活塞连杆组装配示意图

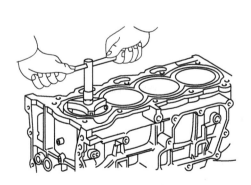

图 2-184 清理气缸顶部积炭

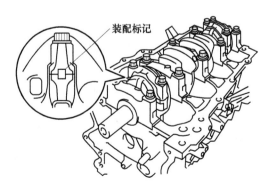

图 2-185 检查连杆装配标记

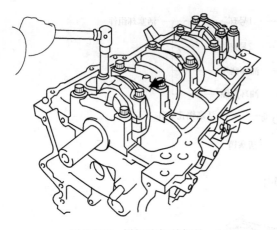

图 2-186 拆卸连杆盖螺栓

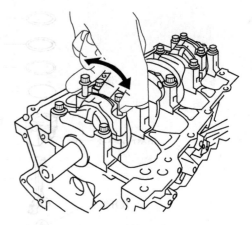

图 2-187 拆卸连杆盖

⑦将拆下的活塞连杆总成、连杆轴承、连杆盖按初始位置配对放置。

⑧用相同的方法取出其余三个缸的活塞连杆总成。

【注意】 a）取二、三缸活塞时需要将曲轴转 180°，使二、三缸活塞处于下止点位置；b）将拆下的连杆和连杆盖装配好，观察活塞和连杆上的朝前标记（图 2-188）；c）在连杆上做相应标记以明确缸序，并按正确顺序依次摆放。

37）分解活塞连杆总成。

①如图 2-189 所示，用活塞环扩张器依次拆下 2 道气环，用手拆下油环刮片和油环胀圈，并按正确的顺序依次摆放。

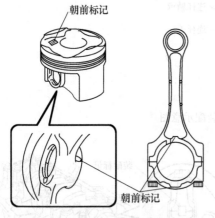

图 2-188 活塞连杆朝前标记

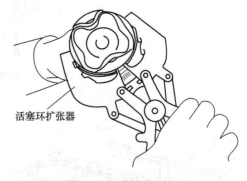

图 2-189 拆卸活塞环

②如图 2-190 所示，用一字旋具撬出固定活塞销的 2 个卡环。

③如图 2-191 所示，逐渐加热各活塞使温度达到约 80~90℃。

④如图 2-192 所示，用塑料锤和铜棒轻轻敲出活塞销，分离连杆和活塞。

【注意】 活塞和活塞销是一组配套件，不可随意装配。

⑤按正确的气缸顺序摆放活塞、活塞销、活塞环、连杆和连杆轴承。

图 2-190 拆卸活塞销卡环

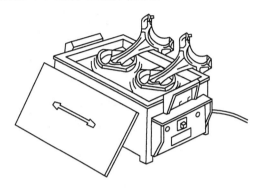

图 2-191 加热活塞

38）拆卸曲轴。

①按图 2-193 箭头所示的顺序，均匀地旋下曲轴轴承盖的固定螺栓。

②如图 2-194 所示，将拆下来的螺栓插入曲轴轴承盖，轻轻地向上拉并向气缸体的前、后侧施加力，小心地取下曲轴轴承盖。

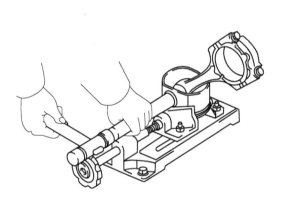

图 2-192 拆卸活塞销

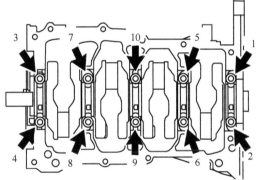

图 2-193 拆卸曲轴轴承盖固定螺栓

【注意】 a）如图 2-195 所示，观察曲轴轴承盖上的朝前标记，按数字标记的顺序放好；b）将曲轴下轴承和曲轴轴承盖作为一个组件保存；c）不要损坏轴承盖和气缸体的接触面。

③取下曲轴。

39）拆卸曲轴上止推垫圈。从气缸体上取下图 2-196 中箭头所指的 2 个曲轴上止推垫圈（仅此一处）。

40）拆卸曲轴轴承。

①从气缸体上拆下图 2-197 中箭头所指的 5 个上轴承，并按顺序依次摆放。

②如图 2-198 所示，从 5 个曲轴轴承盖上取下 5 个下轴承，并按顺序依次摆放。

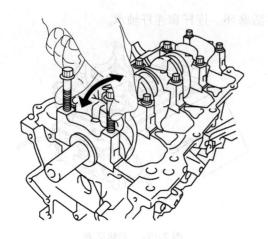

图 2-194 拆卸曲轴轴承盖

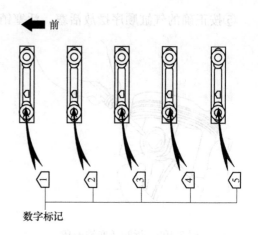

图 2-195 曲轴轴承盖标记

41）拆卸 1 号机油喷嘴。如图 2-199 所示，用六角套筒扳手从气缸体下部旋下箭头所指的 1 号机油喷嘴的紧固螺栓（其装配示意图如图 2-200 所示），取下四个 1 号机油喷嘴。

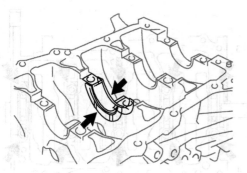

图 2-196 拆卸曲轴上止推垫圈

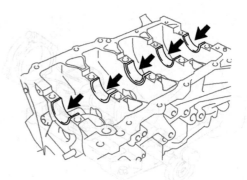

图 2-197 拆卸曲轴上轴承

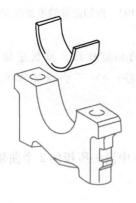

图 2-198 拆卸曲轴下轴承

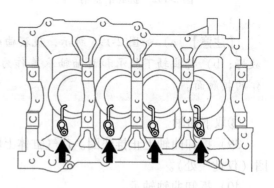

图 2-199 拆卸 1 号机油喷嘴

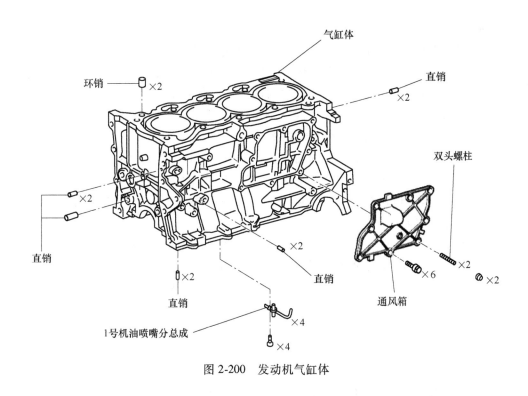

图 2-200　发动机气缸体

2.3　发动机零部件的清洗、更换与检查

2.3.1　发动机零部件的清洗

1. 发动机零部件清洗的目的

在发动机拆装过程中，零部件的清洗是一项比较重要的工作。当各总成拆成零件后，要清除零件表面、油道和水道的油污、积炭或水垢等，以便使总成装配得以顺利进行。此外，清除污垢、洗涤零部件的内外部，还可以及时发现问题（如异常磨损、裂痕、松脱等），从而采取相应措施，防止发生意外。因此，清洗发动机零部件对于正确装配发动机、延长发动机寿命、提高发动机效率、及时消除安全隐患等具有重要的意义。

2. 发动机零部件清洗的方法

发动机零部件的清洗方法包括冲洗、溶剂清洗、蒸汽清洗和化学清洗等。零件污垢一般包括表面和内部通道的沉积物、润滑材料的残留物等。由于这些污垢各有不同的性质和特点，且往往都具有较高的附着力，所以清除的难易程度和方法也不尽相同。

1）一般来讲，金属类零部件要选用金属清洗剂来清洗，如果没有金属清洗剂也可用柴油或汽油。金属零部件可用棉纱、旧布等进行擦洗，对于活塞顶部、气缸盖等积炭较多的部位可用金属刷进行清洗，清洗后晾干或用压缩空气吹干。

2）蒸汽清洗。发动机气缸体、气缸盖等油垢多而且笨重，采用蒸汽清洗效率高、洗涤效果好。

3）化学清洗。以酸、碱类化工产品为清洗液进行洗涤，对锈斑、水垢有较好的清除效果，但其腐蚀作用强，有色金属和非金属制品不宜采用。

4）非金属类零部件如橡胶、石棉垫等要用酒精等擦洗，以防变形。

5）溶液循环清洗。发动机润滑油道中的油垢和冷却系统水道中的水垢，多采用溶液循环法清洗，通过酸或碱的作用，使污垢从不溶解物质变成溶解物质，再用水冲刷掉。

3. 发动机零部件清洗的要求及注意事项

1）表面应该一尘不染、无残存的油渍和黏附物，直观感觉清新爽目。

2）所有零件表面无异物、污垢、杂质，清除积炭后能显出金属本色、无刮痕。

3）用细钢丝对通道进行疏通、清除通道内杂物，各通道应确保清洁畅通，无积炭、水垢、结胶和异物堵塞。

4）橡胶、胶木、塑料、铝合金、油封等都不能采用碱性溶液清洗。

5）非金属零部件不能与金属零部件放置在一起清洗。

6）对于有顺序或装配关系的零部件，应按顺序或配对关系依次清洗，清洗后按顺序摆放好，不能错乱。

7）注意安全。汽油极易挥发且易燃，清洗时不要吸烟；清洗金属零部件棱角部位时要防止划伤皮肤。

4. 2ZR 发动机需清洗的零部件

2ZR 发动机需清洗的零部件主要包括活塞及活塞环、曲轴及其轴承、轴承盖、凸轮轴及其轴承、轴承盖、气缸体、气缸盖、链条及链条齿轮、机油泵等。

2.3.2　发动机零部件的更换

1. 更换环销

1）更换气缸盖环销。如图 2-201 所示，拆下箭头所指的 2 个旧环销，用塑料锤将新环销敲入气缸盖上侧，使其凸出高度为 6.5~7.5mm。

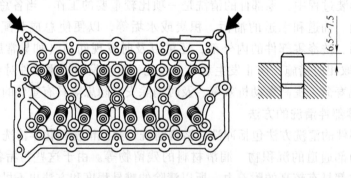

图 2-201　更换气缸盖环销

2）更换气缸体环销。如图 2-202 所示，拆下箭头所指的 2 个旧环销，用塑料锤将新环销敲入气缸体上侧，使其凸出高度为 7.5~8.5mm。

3）更换加强曲轴箱环销。如图 2-203 所示，拆下箭头所指的 2 个旧环销，用塑料锤将新环销安装至曲轴箱，标准凸出高度为 3mm。

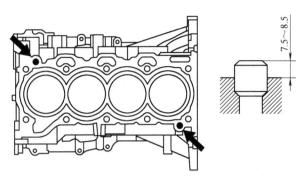

图 2-202　更换气缸体环销

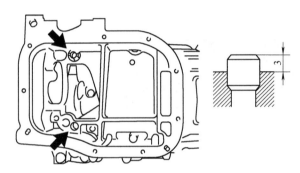

图 2-203　更换加强曲轴箱环销

2. 更换双头螺柱

1）更换气缸盖双头螺柱。如图 2-204 所示,安装新的双头螺柱(进气侧 2 个、排气侧 5 个),并以 9.5N·m 的力矩拧紧。

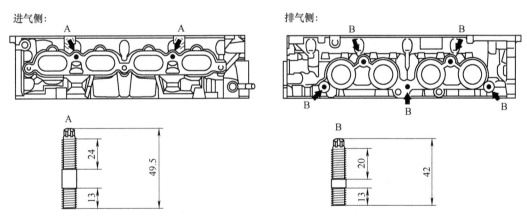

图 2-204　更换气缸盖双头螺柱

2）更换加强曲轴箱双头螺柱。如图 2-205 所示,用专用工具以 5N·m 的力矩拧紧 2 个新的双头螺柱。

3）更换进水口壳双头螺柱。如图 2-206 所示,用专用工具以 5N·m 的力矩拧紧 2 个新的双头螺柱。

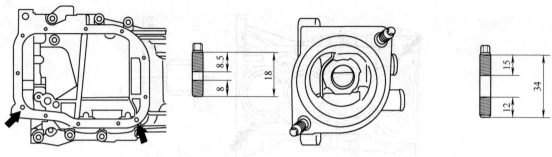

图 2-205 更换加强曲轴箱双头螺柱　　　图 2-206 更换进水口壳双头螺柱

4）更换通风箱双头螺柱。如图 2-207 所示，用专用工具以 5N·m 的力矩拧紧 2 个新的双头螺柱。

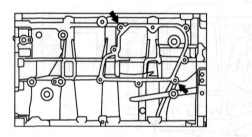

图 2-207 更换通风箱双头螺柱

3. 更换火花塞套管衬垫

1）如图 2-208 所示，依次撬起通风挡板卡爪（注意不要过度扭曲），从气缸盖罩上拆下 4 个衬垫（注意不要损坏气缸盖罩的连接处）。

2）如图 2-209 所示，用切割工具切开拆下的火花塞套管衬垫的密封部分。

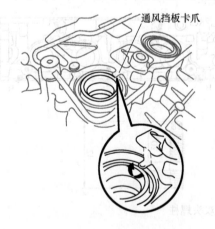 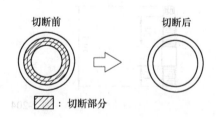

图 2-208 拆卸旧火花塞套管衬垫　　　图 2-209 切开旧火花塞套管衬垫

3）如图 2-210 所示，用密封部分已切开的火花塞套管衬垫均匀挤压新的套管衬垫，使其安装到位，然后将 4 个通风挡板卡爪恢复原位。

【注意】 如果用于安装新衬垫的火花塞套管衬垫扭曲，并且无法在新衬垫上定位，则用钳子矫正扭曲部位。

4. 更换进、排气门导管衬套

1）将气缸盖加热到80~100℃，然后置于木块上。

2）如图2-211所示，用专用工具和锤子敲出导管衬套。

3）如图2-212所示，用测颈规测量气缸盖的衬套孔径，其标准值为10.285~10.306mm。

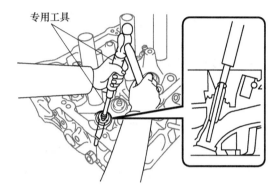

图2-211 拆卸旧导管衬套

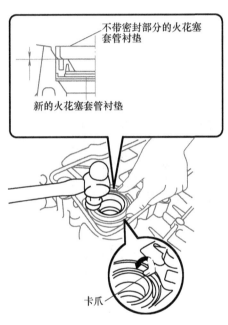

图2-210 安装新火花塞套管衬垫

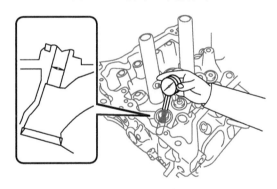

图2-212 测量衬套孔径

【注意】 如果衬套孔径大于10.306mm，则将其加工为10.335~10.356mm，以安装加大尺寸0.05mm的气门导管衬套。如果气缸盖衬套孔径大于10.356mm，则更换气缸盖。

4）再次将气缸盖加热到80~100℃并置于木块上。

5）如图2-213所示，用专用工具和锤子敲入新的导管衬套，使之达到规定的凸出高度：进气侧为9.9~10.3mm、排气侧为11.15~11.55mm。

6）如图2-214所示，用5.5mm锋利铰刀刮削导管衬套，以使导管衬套与气门杆之间的间隙达到标准：进气侧为0.025~0.060mm、排气侧为0.030~0.065mm。

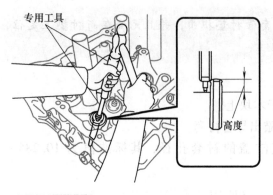

图 2-213　安装新导管衬套

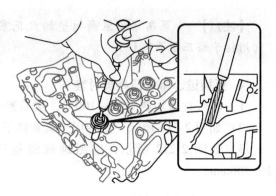

图 2-214　刮削新导管衬套

2.3.3　发动机零部件的检查

1. 气缸盖的检查

1）检查气缸盖表面翘曲度。如图 2-215 所示，用刀口形直尺和塞尺，测量气缸盖与气缸体接触面、气缸盖与进气歧管接触面、气缸盖与排气歧管接触面的翘曲度，其最大翘曲度见表 2-1。如果翘曲度大于最大值，则更换气缸盖。

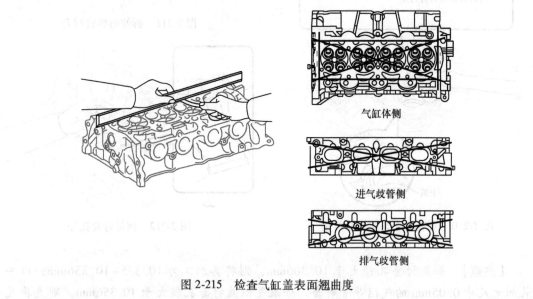

图 2-215　检查气缸盖表面翘曲度

2）检查气缸盖裂纹。如图 2-216 所示，用染色渗透法检查进气口、排气口以及气缸表面是否有裂纹。如果有裂纹，则更换气缸盖。

表 2-1　气缸盖表面最大翘曲度　　　　　　　　　　　　（单位：mm）

项　目	规定状态
气缸体侧	0.05
进气歧管侧	0.10
排气歧管侧	0.10

3）检查气缸盖固定螺栓。如图 2-217a 所示，用游标卡尺在测量点测量长度，标准长度为 146.8~148.2mm，最大长度为 149.2mm（如果螺栓长度大于最大值，则进行更换）；如图 2-217b 所示，用游标卡尺在测量点测量螺纹的最小直径，标准直径为 9.77~9.96mm，最小直径 9.4mm（如果螺栓直径小于最小值，则进行更换）。

图 2-216 检查气缸盖裂纹

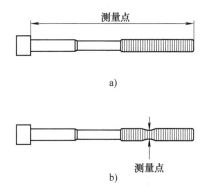

图 2-217 检查气缸盖固定螺栓

2. 气缸体的检查

1）检查气缸体表面翘曲度。如图 2-218 所示，用刀口形直尺和塞尺测量气缸体上表面的翘曲度，其最大值为 0.05mm，大于最大值应更换气缸体。

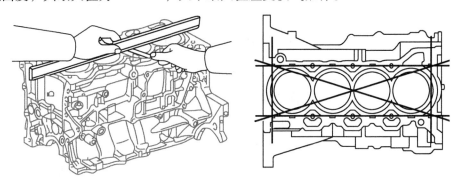

图 2-218 检查气缸体表面翘曲度

2）检查气缸缸径。如图 2-219 所示，用量缸表依次测量四个气缸在位置 A 和 B 处的

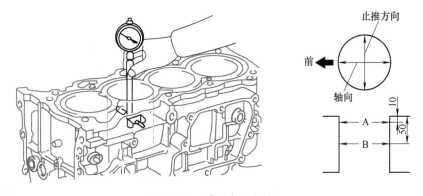

图 2-219 检查气缸缸径

止推方向与轴向的气缸缸径,其标准直径为 80.500~80.513mm,最大直径为 80.633mm。如果 4 个方位的平均直径大于最大值,则更换气缸体。

3. 曲轴的检查

1)检查主轴颈。如图 2-220a 所示,用千分尺测量各主轴颈的直径,根据图 2-220b 所示的标号参照表 2-2 确定各主轴颈的标准直径值(如果直径不符合规定,则检查曲轴油膜间隙)。检查各主轴颈的磨损量,最大圆度和圆柱度误差为 0.004mm,大于最大值应更换曲轴。如图 2-221 所示,使用百分表和 V 形块测量第三道主轴颈的径向圆跳动值,最大径向圆跳动值为 0.03mm。

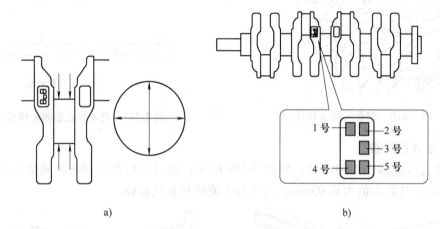

图 2-220 检查曲轴主轴颈直径

2)检查曲柄销。如图 2-222 所示,使用千分尺测量各曲柄销的直径,其标准值为 43.992~44.000mm(如果直径不符合规定,则检查连杆油膜间隙);检查各曲柄销的磨损量,最大圆度和圆柱度误差为 0.004mm,大于最大值应更换曲轴。

表 2-2 曲轴主轴颈标准直径值

标 记	规定状态	标 记	规定状态
0	47.999~48.000	3	47.993~47.994
1	47.997~47.998	4	47.991~47.992
2	47.995~47.996	5	47.988~47.990

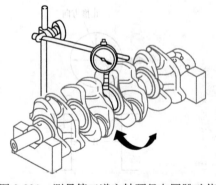

图 2-221 测量第三道主轴颈径向圆跳动值

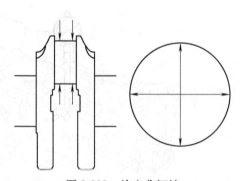

图 2-222 检查曲柄销

3）检查曲轴轴向间隙。正确安装曲轴轴承盖并按规定力矩拧紧曲轴轴承盖螺栓。如图2-223所示，在用一字旋具来回撬动曲轴的同时用百分表测量轴向间隙，标准值为0.04～0.14mm，最大值为0.18mm。如果轴向间隙大于最大值，则成套更换止推垫片（止推垫片的厚度为2.43～2.48mm）。

4）检查曲轴油膜间隙。首先检查曲轴主轴颈和轴承是否有点蚀和划痕。正确安放曲轴上轴承，再将曲轴放到气缸体上。如图2-224所示，将塑料塞尺（俗称间隙规）摆放在各主轴

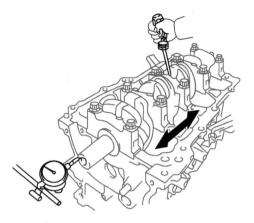

图2-223　检查曲轴轴向间隙

颈上。正确安装曲轴下轴承、轴承盖，并以规定力矩拧紧曲轴轴承盖螺栓（此过程中不要转动曲轴），然后拆下曲轴轴承盖螺栓、轴承盖和下轴承。如图2-225所示，测量塑料塞尺最宽处，标准油膜间隙为0.016～0.039mm，最大油膜间隙为0.050mm。如果油膜间隙大于最大值，则更换曲轴轴承，若有必要，则更换曲轴。

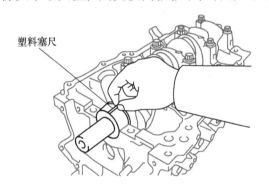

图2-224　摆放塑料塞尺

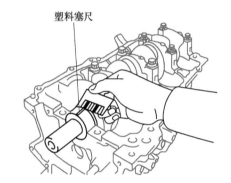

图2-225　测量曲轴油膜间隙

【注意】　更换轴承需选择同标号的新轴承。如果轴承标号无法确定，则将气缸体和曲轴上压印的标号（如图2-226所示，各标号对应的气缸体主轴承座孔径标准尺寸见表2-3）相加，然后根据表2-4选择每个新轴承的标号（例如，气缸体3+曲轴5=8，则选用轴承3）。标准轴承有4种尺寸，分别标有1、2、3和4，其标准中心壁厚见表2-5。

表2-3　气缸体主轴承座孔径标准尺寸　　　　　　　　　　（单位：mm）

标号	规定状态	标号	规定状态
0	52.000~52.003	4	52.010~52.012
1	52.003~52.005	5	52.012~52.014
2	52.005~52.007	6	52.014~52.016
3	52.007~52.010		

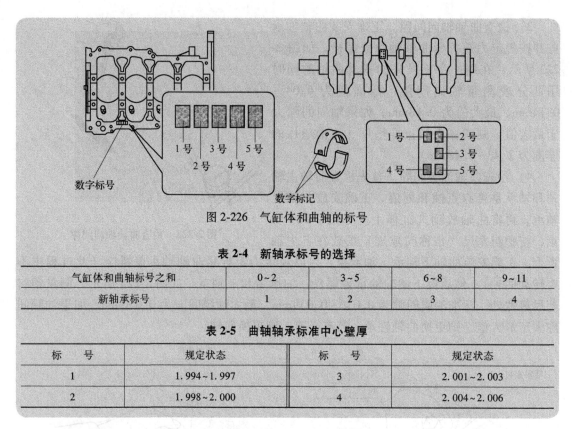

图 2-226 气缸体和曲轴的标号

表 2-4 新轴承标号的选择

气缸体和曲轴标号之和	0~2	3~5	6~8	9~11
新轴承标号	1	2	3	4

表 2-5 曲轴轴承标准中心壁厚

标 号	规定状态	标 号	规定状态
1	1.994~1.997	3	2.001~2.003
2	1.998~2.000	4	2.004~2.006

5）检查曲轴轴承盖螺栓。如图 2-227a 所示，用游标卡尺在测量点测量螺栓受力部分的长度，其标准值为 84.3~85.7mm，最大值为 86.7mm（如果螺栓长度大于最大值，则更换螺栓）；如图 2-227b 所示，用游标卡尺在测量点测量细长螺纹的最小直径，其标准直径为 9.77~9.96mm，最小直径为 9.1mm（如果螺栓直径小于最小值，则更换螺栓）。

4. 活塞组的检查

1）检查活塞直径。如图 2-228 所示，用千分尺测量与活塞销孔成直角位置的活塞的直径，其标准值为 80.461~80.471mm，不在此范围应更换活塞。

图 2-227 检查曲轴轴承盖螺栓

2）检查环槽间隙。如图 2-229 所示，塞尺测量新活塞环和环槽壁之间的间隙，其标准值见表 2-6，不在规定范围应更换活塞。

表 2-6 环槽间隙

项 目	标准环槽间隙/mm
1号环	0.02~0.07
2号环	0.02~0.06
油环	0.02~0.065

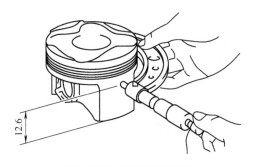

图 2-228 检查活塞直径

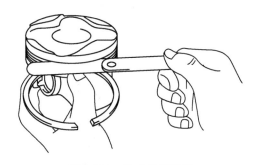

图 2-229 检查环槽间隙

3）检查活塞环端隙。如图 2-230a 所示，用活塞将活塞环从气缸体顶部向下推 50mm。如图 2-230b 所示，使用塞尺测量端隙，其标准值和最大值见表 2-7。如果端隙大于最大值，则更换活塞环。换上新的活塞环后，如果端隙仍大于最大值，则更换气缸体。

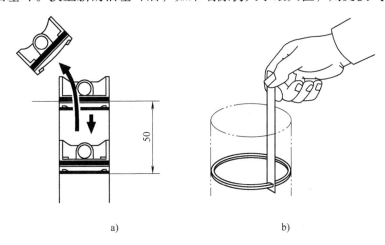

图 2-230 检查活塞环端隙

表 2-7 活塞环端隙

项 目	标准端隙/mm	最大端隙/mm
1号环	0.2~0.3	0.5
2号环	0.3~0.5	0.7
油环	0.1~0.4	0.7

4）检查活塞油膜间隙。用气缸缸径测量值减去活塞直径测量值则为活塞油膜间隙，其标准值为 0.029~0.052mm，最大值为 0.09mm。如果油膜间隙大于最大值，则更换活塞，若有必要，则更换气缸体。

5）检查活塞销油膜间隙。

①如图 2-231 所示，用测颈规测量活塞销孔径和连杆小头孔径，根据图 2-232 中所显示的标号参照表 2-8 确定各自的标准范围。不在规定范围应进行更换。

②如图 2-233 所示，用螺旋测微器在 3 个位置测量活塞销直径。

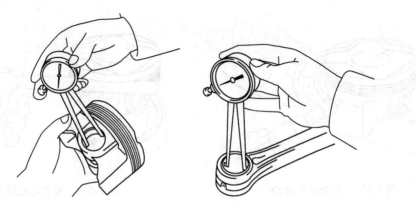

图 2-231　测量活塞销孔径和连杆小头孔径

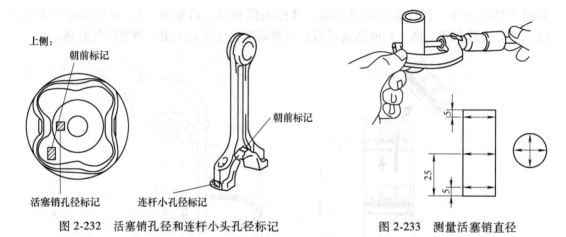

图 2-232　活塞销孔径和连杆小头孔径标记　　　　图 2-233　测量活塞销直径

表 2-8　活塞销孔径和连杆小头孔径标准范围　　　　（单位：mm）

标　记	活塞销孔径规定状态	连杆小头孔径规定状态
A	20.006~20.009	20.012~20.015
B	20.010~20.012	20.016~20.018
C	20.013~20.015	20.019~20.021

③用活塞销孔径测量值减去活塞销直径测量值即为油膜间隙，标准油膜间隙为 -0.001~0.005mm，最大油膜间隙为 0.010mm。如果油膜间隙大于最大值，则更换活塞销。若有必要，则成套更换活塞和活塞销。

用连杆小头孔径测量值减去活塞销直径测量值即为油膜间隙，标准油膜间隙为 0.005~0.011mm，最大油膜间隙为 0.014mm。如果油膜间隙大于最大值，则更换活塞销。

5. 连杆组的检查

1）检查连杆体。用连杆校准器和塞尺检查连杆弯曲度和扭曲度。图 2-234 所示为检查弯曲度，最大值为 0.05mm/100mm；图 2-235 所示为检查扭曲度，最大值为 0.15mm/100mm。大于最大值应更换连杆。

2）检查连杆螺栓。用游标卡尺测量螺栓受力部分（图 2-236）的直径，标准直径为 6.6~6.7mm，最小直径为 6.4mm。如果直径小于最小值，则更换连杆螺栓。

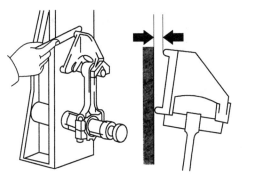

图 2-234 检查连杆弯曲度　　　　　　　图 2-235 检查连杆扭曲度

3) 检查连杆轴向间隙。正确安装连杆盖，如图 2-237 所示，在来回移动连杆的同时用百分表测量轴向间隙，其标准值为 0.160~0.342mm，不在规定范围应更换连杆总成，若有必要，则更换曲轴。

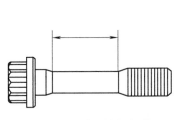

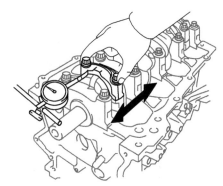

图 2-236 检查连杆螺栓　　　　　　　图 2-237 检查连杆轴向间隙

4) 检查连杆油膜间隙。首先检查曲柄销和连杆轴承是否有点蚀和划痕，如图 2-238 所示，在每个曲柄销上均摆放塑料塞尺，正确安装连杆轴承和连杆盖并按规定力矩拧紧连杆螺栓（此过程中不要转动曲轴），然后拆下连杆螺栓、连杆盖和连杆轴承。如图 2-239 所示，测量塑料塞尺最宽处，标准油膜间隙为 0.030~0.062mm，最大油膜间隙为 0.07mm。如果油膜间隙大于最大值，则更换连杆轴承。若有必要，则检查曲轴。

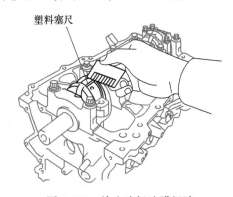

图 2-238 摆放塑料塞尺　　　　　　　图 2-239 检查连杆油膜间隙

【注意】 a）测量后完全拆下塑料塞尺；b）如果更换轴承，则新轴承的标号应与各连杆盖的标号一致，如图 2-240 所示，通过各轴承表面的标号 1、2 或 3 指示其标准厚度（表 2-9）。

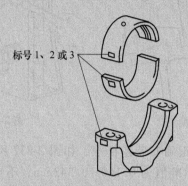

图 2-240 连杆轴承与连杆盖的标号

表 2-9 连杆轴承标准厚度　　　　　　　　　　　　　　（单位：mm）

连杆大头孔径	规定状态	连杆轴承厚度	规定状态
标号 1	47.000~47.008	标记 1	1.489~1.493
标号 2	47.009~47.016	标记 2	1.494~1.497
标号 3	47.017~47.024	标记 3	1.498~1.501

6. 气门组的检查

1）检查进气门。如图 2-241a 所示，用游标卡尺测量气门总长，其标准值为 109.34mm，最小值为 108.84mm。如图 2-241b 所示，用千分尺测量气门杆直径，其值应为 5.470~5.485mm。如图 2-241c 所示，用游标卡尺测量气门头部边缘厚度，其标准值为 1.0mm，最小值为 0.5mm。上述测量值若不符合标准则应更换进气门。

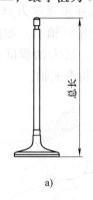 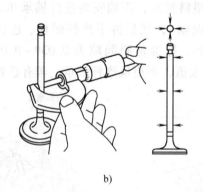 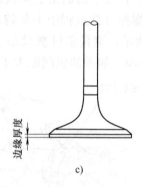

　　　　a)　　　　　　　　　　b)　　　　　　　　　　c)

图 2-241 检查进气门
a）测量气门总长 b）测量气门杆直径 c）测量气门头部边缘厚度

2）检查排气门。用与检查进气门同样的方法测量排气门。其总长标准值为 108.25mm，最小值为 107.75mm。其气门杆直径应为 5.465~5.480mm。其气门头部边缘厚度标准值为1.01mm，最小值为0.5mm。上述测量值若不符合标准则应更换排气门。

3）检查气门弹簧。如图2-242a所示，使用游标卡尺测量气门弹簧的自由长度，其值应为53.36mm。如图2-242b所示，用直角尺测量气门弹簧的偏移量，最大偏移量为1.0mm。测量值不符合标准应更换气门弹簧。

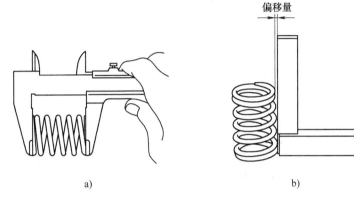

图2-242 检查气门弹簧

a）测量气门弹簧自由长度 b）测量气门弹簧偏移量

4）检查气门座。在气门锥面某处涂抹一薄层普鲁士蓝，使气门锥面轻压气门座并转动气门数周。如果整个360°气门锥面均出现普鲁士蓝，则气门锥面是同心的，否则应更换。如果整个360°气门座均出现普鲁士蓝，则气门导管和气门锥面是同心的，否则应重修气门座表面。如图2-243所示，检查并确认气门座接触面在气门锥面的中部，进气侧和排气侧的气门座宽度均在1.0~1.4mm之间。

5）检查气门导管衬套油膜间隙。如图2-244所示，用测颈规测量气门导管衬套的内径，其标准值为5.510~5.530mm。用气门导管衬套内径测量值减去气门杆直径测量值即为其油膜间隙，油膜间隙标准值和最大值见表2-10。

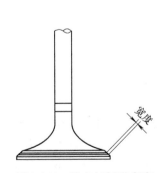 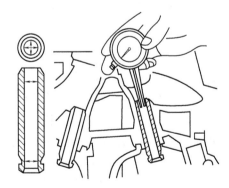

图2-243 检查气门座宽度　　　　　图2-244 测量气门导管衬套内径

表2-10　气门导管衬套油膜间隙值　　　　　　　　　　（单位：mm）

项　目	标准值	最大值
进气门油膜间隙	0.025~0.060	0.080
排气门油膜间隙	0.030~0.065	0.085

7. 气门传动组的检查

1）检查气门间隙调节器。如图 2-245 所示,将气门间隙调节器放入装有新鲜润滑油的容器中,将专用工具竖直插入气门间隙调节器的柱塞中并用顶端按压柱塞中的单向球,上下移动柱塞 5~6 次,检查柱塞的移动情况并放气,正常状态下柱塞可以上下移动。放气后取下专用工具,用手指迅速用力按压柱塞,柱塞应很难移动,否则更换间隙调节器。

2）检查气门摇臂。如图 2-246 所示,用手转动滚针,检查转动是否平稳,如果转动不平稳则更换。

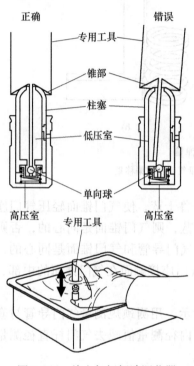
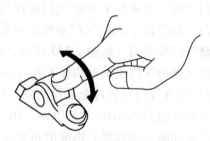

图 2-245 检查气门间隙调节器　　　　图 2-246 检查气门摇臂

3）凸轮轴的检查。

①检查进气凸轮轴轴颈和凸轮凸角。

如图 2-247a 所示,用千分尺测量进气凸轮轴轴颈的直径,1 号轴颈直径的标准值为 34.449~34.465mm,其他轴颈直径的标准值为 22.949~22.965mm。如果轴颈直径不符合规定,则检查进气凸轮轴油膜间隙。

如图 2-247b 所示,将进气凸轮轴放在 V 形块上,使用百分表测量中心轴颈的径向圆跳动值,最大值为 0.04mm,如果径向圆跳动值大于最大值,则更换进气凸轮轴。

如图 2-247c 所示,用千分尺测量凸轮凸角高度,标准高度为 42.816~42.916mm,最小高度为 42.666mm,如果凸轮凸角高度小于最小值,则更换进气凸轮轴。

②使用与检查进气凸轮轴轴颈和凸轮凸角相同的方法检查排气凸轮轴轴颈和凸轮凸角。各轴颈直径和中心轴颈径向圆跳动值的范围与进气凸轮轴的相同,凸轮凸角标准高度为 44.336~44.436mm,最小高度为 44.186mm。

③检查凸轮轴轴向间隙。如图 2-248 所示,首先正确安装凸轮轴和凸轮轴轴承盖,然

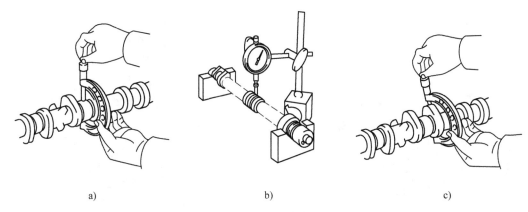

图 2-247 检查进气凸轮轴轴颈和凸轮凸角

后在来回移动凸轮轴的同时用百分表测量轴向间隙，进、排气侧标准值均为 0.06～0.155mm，最大值为 0.17mm。如果轴向间隙大于最大值，则更换凸轮轴壳；如果止推面损坏，则更换凸轮轴。

④检查凸轮轴油膜间隙。首先安装 2 号凸轮轴轴承，再将凸轮轴放到凸轮轴壳上。如图 2-249 所示，将塑料塞尺摆放在各凸轮轴轴颈上，安装 1 号凸轮轴轴承和轴承盖并以规定的力矩拧紧凸轮轴轴承盖的紧固螺栓，然后拆下凸轮轴轴承盖紧固螺栓、轴承盖和 1 号凸轮轴轴承。如图 2-250 所示，测量塑料塞尺的最宽处，标准油膜间隙和最大油膜间隙见表 2-11，如果油膜间隙大于最大值，则更换凸轮轴。

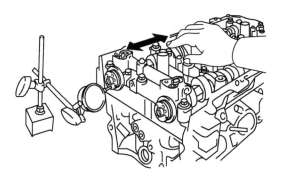

图 2-248 检查凸轮轴轴向间隙

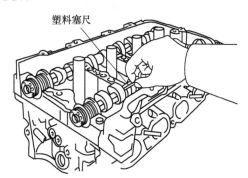

图 2-249 摆放塑料塞尺

表 2-11 凸轮轴油膜间隙

位　　置	标准油膜间隙	最大油膜间隙
凸轮轴 1 号轴颈	0.030～0.063	0.085
凸轮轴其他轴颈	0.035～0.072	0.09

4）检查进气凸轮轴正时齿轮。正确安装进气凸轮轴正时齿轮，检查并确认其已锁止。如图 2-251 所示，进气凸轮轴 1 号轴颈凹槽内有 4 个油道口，用橡胶块塞住其中 2 个油道口，再用塑料胶带缠住轴颈，在延迟侧油道和提前侧油道的胶带上各刺一个孔（两个孔错开一定角度）。

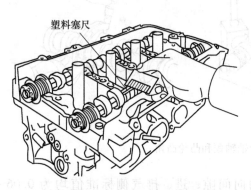

图 2-250 测量凸轮轴油膜间隙

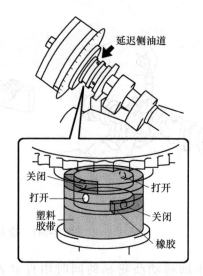

图 2-251 进气凸轮轴 1 号轴颈

如图 2-252 所示,将压力为 150kPa 的压缩空气同时施加到提前侧和延迟侧油道(此操作可防止当锁销释放时,凸轮轴正时齿轮出现突然移动),逐渐减小延迟侧的空气压力使得正时齿轮向提前侧(逆时针)转动,当正时齿轮达到最大提前位置时,先断开延迟侧空气压力,再断开提前侧空气压力。在可移动范围(26.5°~28.5°)内旋转进气凸轮轴正时齿轮 2~3 次,但不要将其转到最大延迟位置,确保进气凸轮轴正时齿轮转动顺畅。

5)检查排气凸轮轴正时齿轮。正确安装排气凸轮轴正时齿轮,检查并确认其已锁止。如图 2-253 所示,排气凸轮轴 1 号轴颈凹槽内有 4 个油道口,用橡胶块塞住其中 2 个油道口,再用塑料胶带缠住轴颈,在延迟侧油道和提前侧油道的胶带上各刺一个孔(两个孔错开一定角度)。

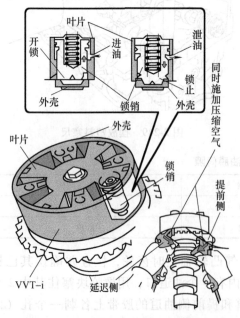

图 2-252 松开进气凸轮轴正时齿轮锁销

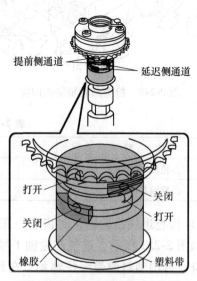

图 2-253 排气凸轮轴 1 号轴颈

如图 2-254 所示，向这 2 个穿透的通道（提前侧油道和延迟侧油道）同时施加压力约为 200kPa 的压缩空气，逐渐降低施加到提前侧通道的空气压力，确保排气凸轮轴正时齿轮朝延迟方向旋转。当排气凸轮轴正时齿轮转动到最大延迟位置时，释放提前侧通道的空气压力，然后释放延迟侧通道的空气压力。在可移动范围（19°~21°）内旋转排气凸轮轴正时齿轮 2~3 次，但不要将其转到最大提前位置，确保排气凸轮轴正时齿轮转动顺畅。

【注意】 一定要先释放提前侧通道的空气压力，如果先释放延迟侧通道的空气压力，则排气凸轮轴正时齿轮可能会突然转到提前角一侧，并且损坏锁销或者其他零件。

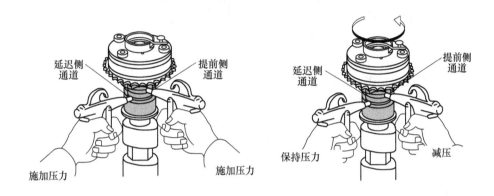

图 2-254 松开排气凸轮轴正时齿轮锁销

6）检查正时链条。如图 2-255 所示，用 147N 的力拉链条，用游标卡尺在任意 3 个位置测量 15 个链节的长度并计算平均值，如果平均值大于 115.2mm，则更换链条。

7）检查 2 号链条。检查方法与检查正时链条相同，如果平均值大于 102.0mm，则更换链条。

8）检查链条与齿（链）轮的啮合情况。分别检查机油泵主动齿轮、机油泵主动轴齿轮、进气凸轮轴正时齿轮、排气凸轮轴正时齿轮、曲轴正时链轮与链条的啮合情况，方法相同。如图 2-256 所示，将链条绕在齿（链）轮上，用游标卡尺测量齿（链）轮和链条的直径，其最小直径（带链条）应满足表 2-12 给出的值，否则更换链条和齿（链）轮。

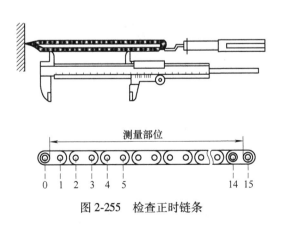

图 2-255 检查正时链条

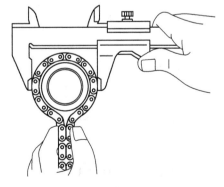

图 2-256 检查链条与齿轮啮合情况

表 2-12　链条与齿轮啮合直径值

齿轮类型	机油泵主动齿轮	机油泵主动轴齿轮	进气凸轮轴正时齿轮	排气凸轮轴正时齿轮	曲轴正时链轮
最小直径/mm	48.2	48.8	96.8	96.8	51.1

9）检查链条张紧器与振动阻尼器。

①检查链条张紧器。如图 2-257 所示，用手指提起棘轮爪时检查并确认柱塞移动平稳，松开棘轮爪时检查并确认棘轮爪将柱塞锁止就位且用手指推时不发生移动。

②如图 2-258、图 2-259、图 2-260、图 2-261 所示，用游标卡尺依次测量链条张紧器导板、1号链条振动阻尼器、2号链条振动阻尼器、链条张紧器盖板的磨损量，最大磨损量均为 1.0mm，超过此值应更换。

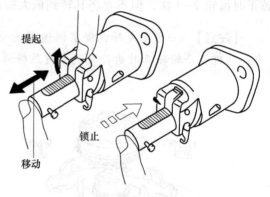

图 2-257　检查链条张紧器

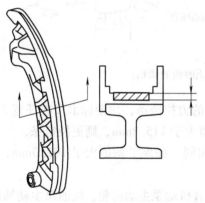

图 2-258　检查链条张紧器导板

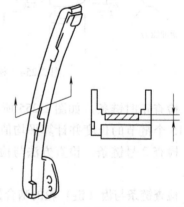

图 2-259　检查 1 号链条振动阻尼器

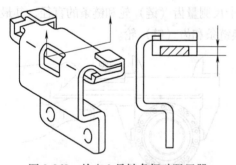

图 2-260　检查 2 号链条振动阻尼器

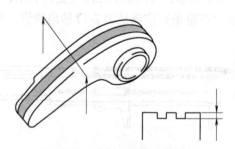

图 2-261　检查链条张紧器盖板

2.4　发动机总成的组装

本节讲述发动机各零部件组装的过程，组装时按照先组装本体再安装外围附件的顺序进行。首先将发动机气缸体安置于翻转台架上，作为发动机总成组装的基础。

2.4.1 发动机本体的组装

1）安装1号机油喷嘴。以10N·m的力矩拧紧4个机油喷嘴的固定螺栓（图2-262中箭头所指）。

2）安装曲轴轴承。

①安装除第三道之外的上轴承。如图2-263a所示，将带机油槽的上轴承按初始位置装入气缸体，用刻度尺测量气缸体边缘和上轴承边缘间的距离A，其值应为0.5～1.0mm。

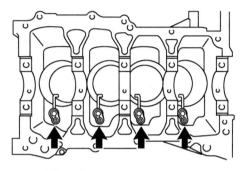

图2-262　安装1号机油喷嘴

【注意】 不要在轴承与轴承座的接触面上涂抹润滑油。

②安装第三道上轴承。如图2-263b所示，将带机油槽的上轴承装入气缸体，用游标卡尺测量气缸体边缘和上轴承边缘间的距离A、B，其值均不应大于0.7mm。

【注意】 不要在轴承与轴承座的接触面上涂抹润滑油。

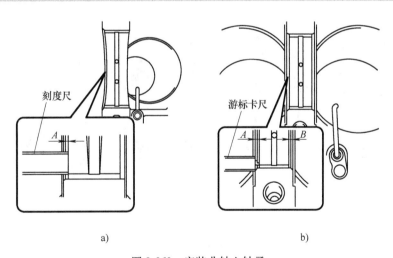

图2-263　安装曲轴上轴承

③安装下轴承。如图2-264所示，将下轴承按初始位置安装到轴承盖上，用游标卡尺测量轴承盖边缘和下轴承边缘间的距离A、B，其值均不应大于0.7mm。

【注意】 不要在轴承与轴承盖的接触面上涂抹润滑油。

3）安装上止推垫圈。如图2-265所示，使机油槽向外，将2个上止推垫圈安装至气缸体的第三道轴承座处，并在曲轴上止推垫圈上涂抹润滑油。

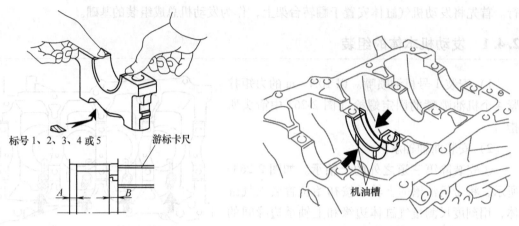

图 2-264 安装下轴承到轴承盖　　　　图 2-265 安装曲轴上止推垫圈

4）安装曲轴。

①在上轴承上涂抹润滑油，并将曲轴安装至气缸体。

②在下轴承上涂抹润滑油，如图 2-266a 所示，检查数字标号和方向，将轴承盖按正确的方位安装至气缸体。

③在曲轴轴承盖螺栓上涂抹一薄层润滑油，如图 2-266b 所示，暂时安装箭头所指的 10 个轴承盖螺栓。

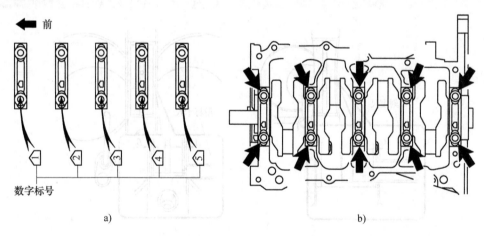

图 2-266 暂时安装曲轴轴承盖

④以轴承盖螺栓为导向，用手向下按压轴承盖，直到轴承盖和气缸体之间的间隙小于 5mm（图 2-267a）。

⑤如图 2-267b 所示，用塑料锤轻敲轴承盖以确保安装到位。

⑥按图 2-267c 中所示顺序，首先以 40N·m 的力矩均匀拧紧轴承盖螺栓，再紧固 90°。

【注意】　安装完成后，需要检查曲轴旋转是否平顺。

⑦检查曲轴轴向间隙（参见2.3.3节）。

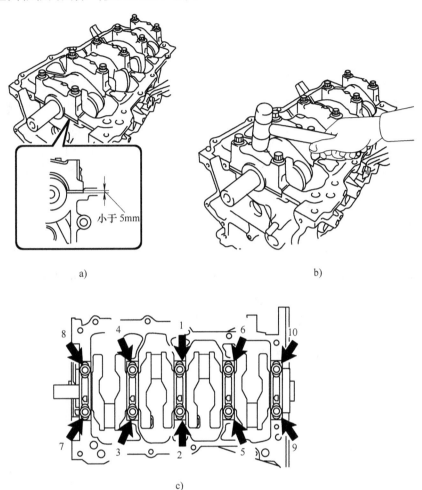

图 2-267　紧固曲轴轴承盖

5）组装活塞连杆总成。

①使用一字旋具将新卡环安装至活塞销孔的一端，确保卡环的端隙与活塞销孔的检修口部位错开，如图2-268所示。

②将活塞逐渐加热到约80~90℃。

③如图2-269所示，对准活塞和连杆上的朝前标记，用拇指推入活塞销。

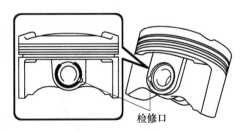

图 2-268　安装活塞销卡环

【注意】　活塞与连杆需配对组装。

④用一字旋具在活塞销孔另一端安装一个新卡环，确保卡环的端隙与活塞销孔的检修口部位错开。

⑤如图2-270所示，来回转动活塞和连杆，检查活塞和活塞销、活塞销和连杆之间的安

装情况。

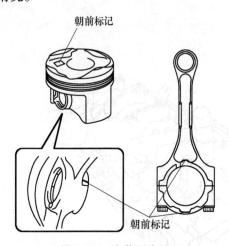

图 2-269 安装活塞销

图 2-270 检查活塞销安装情况

⑥用手安装油环胀圈和油环刮片，使胀圈牢固安装至油环刮片的内槽，如图 2-271 所示，使油环胀圈接头和油环刮片端部处于相对侧。

⑦使用活塞环扩张器按图 2-272 所示安装气环，使各标记处于图示位置。

【注意】 油漆标记仅在新活塞环上可以检查到。

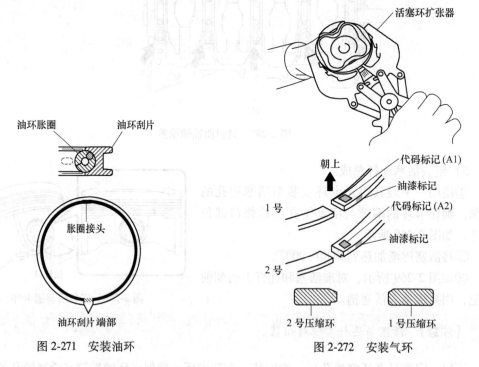

图 2-271 安装油环

图 2-272 安装气环

⑧如图 2-273 所示，将连杆轴承安装至连杆和连杆盖上，使用游标卡尺测量连杆边缘与连杆轴承边缘、连杆盖边缘与连杆轴承边缘的距离 A、B，其值均不应大于 0.7mm。

【注意】 不要在轴承和接触面上涂抹润滑油。

6）安装活塞连杆组。
①在气缸壁、活塞环、连杆轴承表面涂抹润滑油。
②按图2-274所示布置活塞环方位。

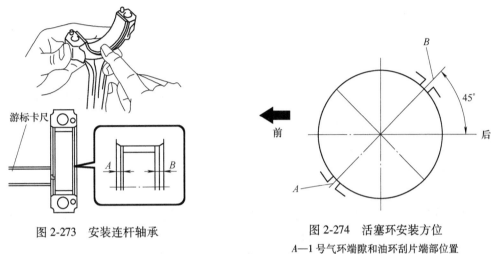

图2-273　安装连杆轴承

图2-274　活塞环安装方位
A—1号气环端隙和油环刮片端部位置
B—2号气环端隙和油环胀圈接头位置

③如图2-275所示，将1缸的连杆轴颈转到最下端，使原来的1缸活塞朝前标记朝前，使用活塞环压缩器和铜棒将1缸活塞连杆组压入气缸。

【注意】 需正确选择该缸的活塞；将连杆插入气缸时，不要接触机油喷嘴。

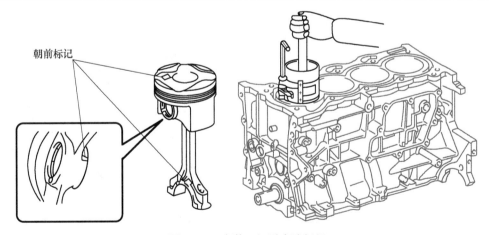

图2-275　安装1缸活塞连杆组

④如图2-276所示，选择与连杆相匹配的连杆盖，使连杆盖上的朝前标记朝前。
⑤如图2-277所示，在连杆盖螺栓上涂抹一层润滑油，首先以20N·m的力矩均匀拧紧，然后再紧固90°。

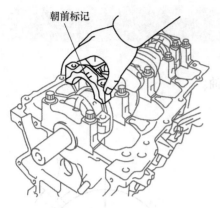

图 2-276 安装连杆盖

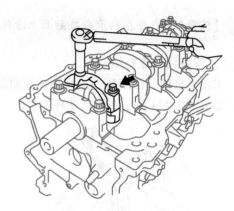

图 2-277 安装连杆盖螺栓

⑥安装完成后,检查曲轴旋转是否平顺。

⑦用相同的方法安装其余活塞连杆组。

⑧检查连杆轴向间隙(参见 2.3.3 节)。

7)安装加强曲轴箱总成。

①将气缸体和加强曲轴箱的接触面清理干净,在加强曲轴箱上按图 2-278 所示的位置连续涂抹一条直径为 2.5mm 的密封胶。

②涂抹密封胶后 3min 内安装加强曲轴箱,用 21N·m 的力矩拧紧图 2-279 中箭头所指的加强曲轴箱紧固螺栓,螺栓 A、B、C 的长度分别为 138mm、35mm、70mm。

③重新检查图 2-279 中螺栓 1 和 2 的拧紧力矩,确认为 21N·m,用干净的布擦去多余的密封胶。

【注意】 安装后至少 2h 不要起动发动机。

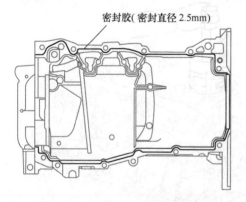

图 2-278 涂抹加强曲轴箱密封胶

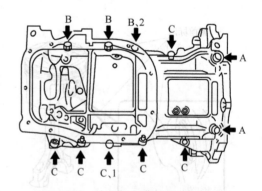

图 2-279 拧紧加强曲轴箱紧固螺栓

8)安装曲轴后油封。如图 2-280 所示,将油封套入曲轴后端,用锤子和专用工具均匀敲击油封,直至其表面与油封座圈边缘齐平,并在新的油封唇口上涂抹通用润滑脂。

9)安装机油泵。如图 2-281 所示,以 21N·m 的力矩拧紧箭头所指的机油泵固定螺栓。

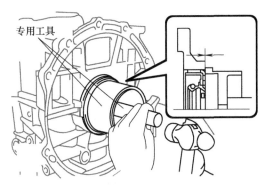

图 2-280 安装曲轴后油封

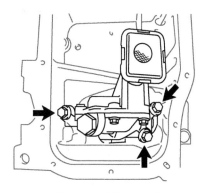

图 2-281 安装机油泵

10)安装油底壳。

①如图 2-282 所示,将油底壳与加强曲轴箱的接触面清理干净,在油底壳上连续涂抹一条直径为 4mm 的密封胶。

②涂抹密封胶后 3min 内安装油底壳,如图 2-283 所示,以 10N·m 的力矩拧紧箭头所指的油底壳的紧固螺栓和螺母。

【注意】 安装油底壳后至少 2h 不要起动发动机。

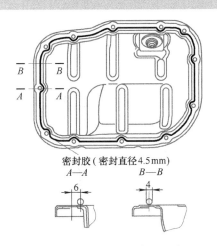

图 2-282 涂抹油底壳密封胶

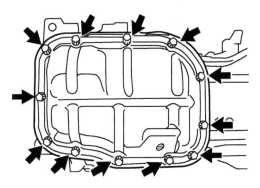

图 2-283 拧紧油底壳紧固件

11)安装油底壳放油螺塞。如图 2-284 所示,安装新衬垫,以 37N·m 的力矩拧紧箭头所指的油底壳放油螺塞。

12)安装气缸体放水开关。

①如图 2-285a 所示,在放水开关的螺纹上涂抹黏合剂。

②如图 2-285b 所示,以 20N·m 的力矩安装箭头所指的放水开关,到达规定力矩后继续拧紧不得超过一圈(360°)。

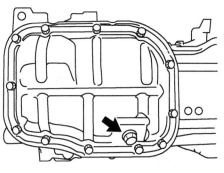

图 2-284 安装油底壳放油螺塞

③以13N·m的力矩将放水螺塞安装到放水开关上。

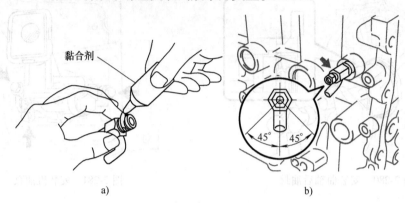

图2-285 安装气缸体放水开关

13）安装通风箱。

①将通风箱与气缸体的接触面清理干净，如图2-286a所示，在通风箱上连续涂抹一条直径为2mm的密封胶。

②涂抹密封胶后3min内安装通风箱，并在15min内以10N·m的力矩拧紧通风箱的6个紧固螺栓和2个紧固螺母（图2-286b箭头所指）。

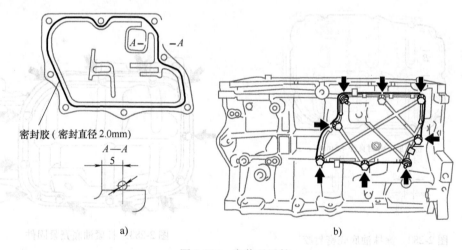

图2-286 安装通风箱

14）安装通风阀。

①检查通风阀的工作情况，确认其工作良好。

②如图2-287a所示，在通风阀螺纹上涂抹黏合剂。

③如图2-287b所示，以20N·m的力矩拧紧箭头所指的通风阀。

15）安装气门组。

①安装直螺纹塞。如图2-288所示，安装3个新衬垫和3个直螺纹塞，并以44N·m的力矩拧紧直螺纹塞。

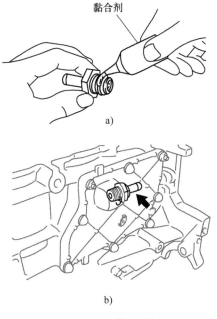

图 2-287 安装通风阀　　　　　　　　图 2-288 安装直螺纹塞

②将气门弹簧座安装至气缸盖。

③如图 2-289 所示，在新气门杆油封上涂抹润滑油，用专用工具将气门杆油封压入至气门导管衬套。

【注意】 进气门杆油封为灰色，排气门杆油封为黑色。

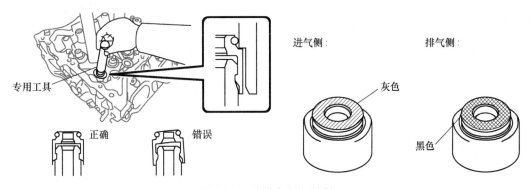

图 2-289 安装气门杆油封

④在气门尾端涂抹少许润滑油，将进气门、气门弹簧、气门弹簧座圈安装至气缸盖，如图 2-290a 所示，用气门弹簧钳压缩弹簧并安装两个锁片。

【注意】 将原来的零件按原来的组合安装到原位。

⑤如图 2-290b 所示，用塑料锤轻敲气门杆尾端以确保锁片安装到位。

⑥在气门杆盖上涂抹润滑油，将气门杆盖安装至气门杆上。

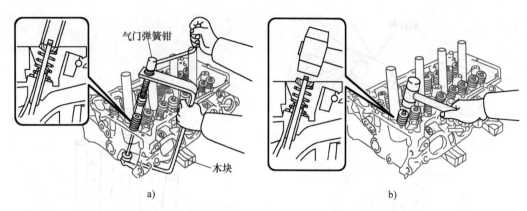

图 2-290 安装进气门

⑦用与安装进气门相同的方法安装排气门。

16）安装气缸盖衬垫。将气缸体与衬垫的接触面、气缸盖与衬垫的接触面清理干净，将新的气缸盖衬垫放在气缸体表面上，如图 2-291 所示，使印有批次号的一面朝上。

17）安装气缸盖。

①转动曲轴使一缸活塞处于上止点位置。

②在气缸盖螺栓上涂抹一层润滑油，将螺栓和垫圈放入气缸盖螺栓孔中。

③将气缸盖放在气缸体上，按图 2-292 所示的顺序分三次均匀拧紧气缸盖紧固螺栓。第一次以 49N·m 的力矩拧紧；第二次顺时针拧紧 90°；第三次顺时针拧紧 45°。

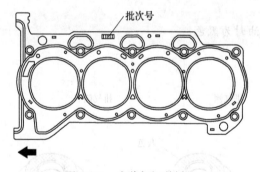

图 2-291 安装气缸盖衬垫

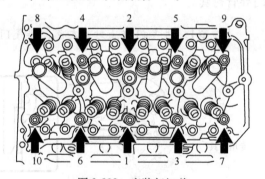

图 2-292 安装气缸盖

18）安装凸轮轴壳。

①将气缸盖和凸轮轴壳的接触面清理干净，如图 2-293a 所示，在气缸盖上连续涂抹一条直径约为 4.0mm 的密封胶。

②对准定位销将凸轮轴壳按正确的方位放在气缸盖上，暂时紧固图 2-293b 中箭头所指的 2 个固定螺栓。

19）安装气门间隙调节器。将所有检查完好的气门间隙调节器按初始位置安装回原处。

20）安装气门摇臂。在气门间隙调节器端部和气门杆盖上涂抹润滑油，按初始位置将所有的气门摇臂安装至图 2-294 所示的状态。

21）安装 2 号凸轮轴轴承。

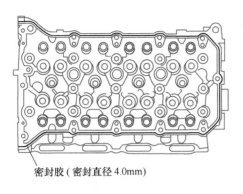
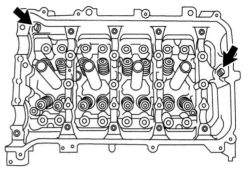

密封胶（密封直径4.0mm）

a)   b)

图 2-293 安装凸轮轴壳

①清洁轴承的双表面，安装2个2号凸轮轴轴承。

②如图2-295所示，用游标卡尺测量凸轮轴壳边缘和凸轮轴轴承边缘间的距离 A，其值应为 1.05~1.75mm。

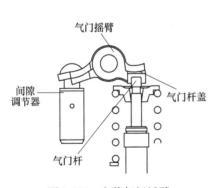

图 2-294 安装气门摇臂

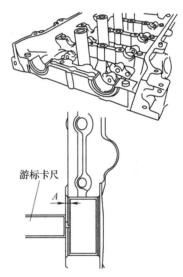

图 2-295 安装2号凸轮轴轴承

22）安装进、排气凸轮轴。在凸轮轴轴颈、凸轮轴壳上涂抹一薄层润滑油，如图2-296所示，将进、排气凸轮轴放置于凸轮轴壳上。

23）安装凸轮轴轴承盖与凸轮轴壳。

①安装2个1号凸轮轴轴承。首先清洁轴承的双表面，为了将轴承固定至轴承盖中心，如图2-297所示，用游标卡尺测量轴承盖边缘和凸轮轴轴承边缘间的距离 A 和 B，其值均不应大于0.7mm。

②安装机油控制阀滤清器（图2-298）。检查并确认机油控制阀滤清器的滤网上无异物（但不要触碰滤网），将机油控制阀滤清器安装至1号凸轮轴轴承盖。

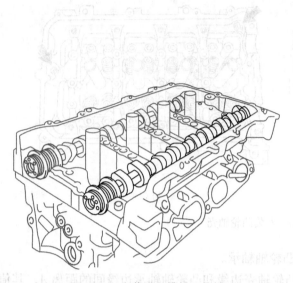

图 2-296 安装进、排气凸轮轴

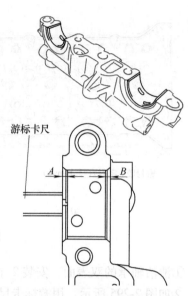

图 2-297 安装 1 号凸轮轴轴承

③如图 2-299 所示，确认各凸轮轴轴承盖上的标记和号码，在接触面涂抹机油后将其置于正确的位置和方向，并确保凸轮轴的直销位于图中所示位置。

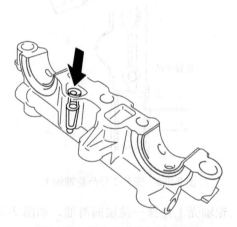

图 2-298 安装机油控制阀滤清器

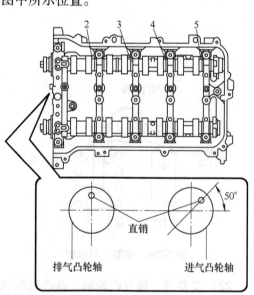

图 2-299 安放凸轮轴轴承盖

④按图 2-300a 所示的顺序，用 16N·m 的力矩拧紧凸轮轴轴承盖的紧固螺栓。

⑤按图 2-300b 所示的顺序，以 27N·m 的力矩拧紧固定螺栓，固定进、排气凸轮轴和凸轮轴壳。

【注意】 安装凸轮轴壳后，确保凸轮凸角处于图示位置。擦去凸轮轴壳和气缸盖之间渗出的密封胶。

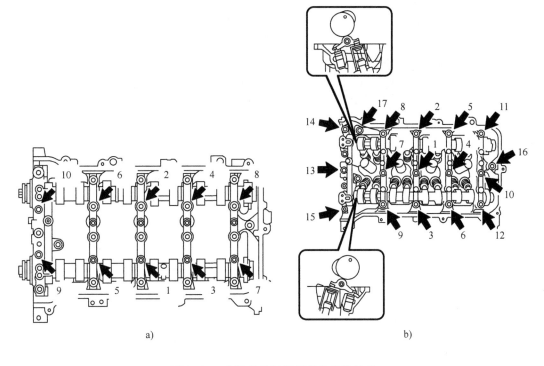

图 2-300 安装凸轮轴轴承盖和凸轮轴壳

24）安装进气凸轮轴正时齿轮总成。

①如图 2-301a 所示，使直销和键槽不对准，将进气凸轮轴正时齿轮和凸轮轴靠近放置在一起。

【注意】 不要用力推入进气凸轮轴正时齿轮总成，这样可能导致凸轮轴直销端部损坏凸轮轴正时齿轮总成的安装表面。

②如图 2-301b 所示，将进气凸轮轴正时齿轮轻轻推向凸轮轴的同时，逆时针旋转凸轮轴正时齿轮，将直销推入键槽中。

【注意】 不要使进气凸轮轴正时齿轮朝延迟方向（顺时针方向）转动。

③如图 2-301c 所示，测量齿轮和凸轮轴间的间隙，其值应为 0.1~0.4mm。

④如图 2-301d 所示，固定进气凸轮轴，以 54N·m 的力矩拧紧图中箭头所指的正时齿轮凸缘螺栓。

⑤如图 2-302 所示，检查并确认凸轮轴正时齿轮可以按顺时针方向转动，并锁止在最大延迟位置。

25）安装排气凸轮轴正时齿轮总成。

①如图 2-303a 所示，对准键槽和直销将排气凸轮轴正时齿轮轻轻地压在凸轮轴上，转动齿轮将直销推入键槽中。

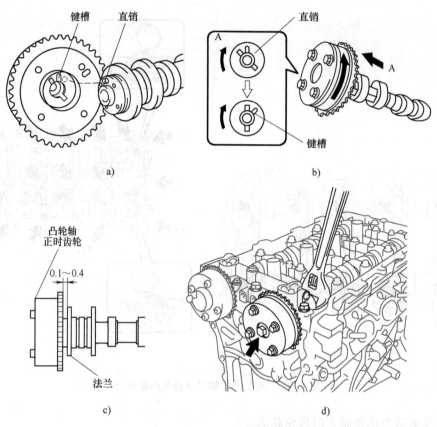

图 2-301 安装进气凸轮轴正时齿轮

【注意】 不要使排气凸轮轴正时齿轮朝顺时针方向转动。

②检查并确认齿轮和凸轮轴之间没有间隙,如图 2-303b 所示,固定排气凸轮轴,以 54N·m 的力矩拧紧箭头所指的正时齿轮凸缘螺栓。

③检查并确认排气凸轮轴正时齿轮已锁止。

26)安装曲轴正时齿轮键。用塑料锤敲入 2 个曲轴正时齿轮键,直至其与曲轴充分接触(图 2-304)。

27)安装曲轴位置信号盘。如图 2-305 所示,使"F"标记朝前。

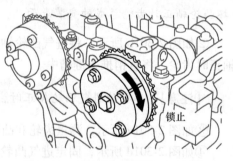

图 2-302 锁止进气凸轮轴正时齿轮

28)安装 2 号链条分总成。

①如图 2-306a 所示,使曲轴正时齿轮键处于竖直向上位置,转动机油泵主动轴使切口朝向右水平位置。

②如图 2-306b 所示,使链条的两个黄色标记分别对准两个齿轮上的正时标记,然后将链条装在机油泵主动齿轮和机油泵主动轴齿轮上。

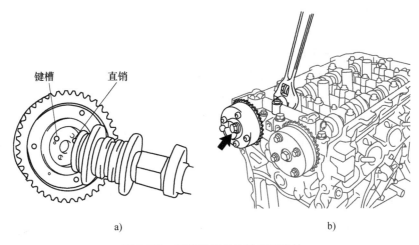

图 2-303　安装排气凸轮轴正时齿轮

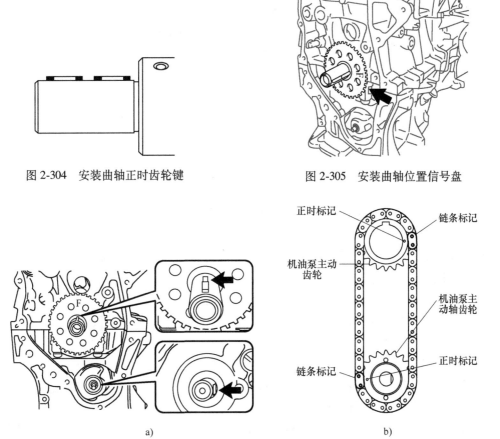

图 2-304　安装曲轴正时齿轮键

图 2-305　安装曲轴位置信号盘

图 2-306　安装机油泵主动齿轮和机油泵主动轴齿轮

③将链条和两个齿轮一起分别装到曲轴和机油泵主动轴上，再用螺母暂时紧固机油泵主动轴齿轮。

④如图 2-307 所示，将链条减振弹簧插入到链条张紧器盖板的调节孔，然后以 10N·m 的力矩拧紧链条张紧器盖板的固定螺栓。

⑤如图 2-308a 所示，顺时针转动曲轴 90°使机油泵主动轴齿轮的调节孔对准机油泵的凹槽。

⑥将直径为 3mm 的杆穿过机油泵主动轴齿轮的调节孔直至插入凹槽，以便将齿轮锁住，然后以 28N·m 的力矩拧紧图 2-308b 中箭头所指的螺母。

29）安装曲轴正时链轮。如图 2-309 所示，

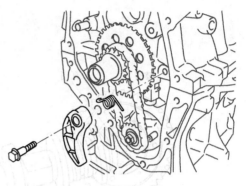

图 2-307 安装链条张紧器盖板

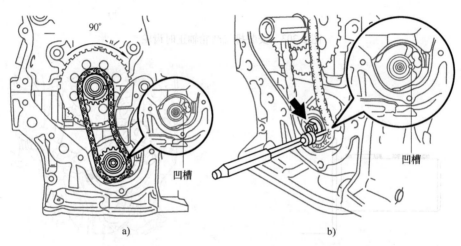

图 2-308 安装机油泵主动轴齿轮固定螺母

逆时针转动曲轴使曲轴正时齿轮键竖直向上，安装曲轴正时链轮。

30）安装 2 号链条振动阻尼器。以 10N·m 的力矩拧紧图 2-310 中箭头所指的 2 个固定螺栓。

31）安装 1 号链条振动阻尼器。以 21N·m 的力矩拧紧图 2-311 中箭头所指的 2 个固定螺栓。

32）安装正时链条分总成。

①如图 2-312 所示，将 1 缸活塞置于压缩行程上止点，此时应保证曲轴正时齿轮键位于竖直向上位置、两个凸轮轴正时齿轮上的正时标记位于图示位置。

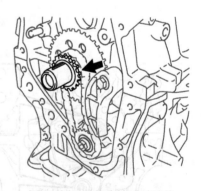

图 2-309 安装曲轴正时链轮

②如图 2-313a 所示，使排气凸轮轴侧的橙色标记板朝向发动机前方，将标记板和排气凸轮轴正时齿轮上的正时标记对准后将链条绕在排气凸轮轴正时齿轮上，再将链条分别穿过 1 号和 2 号链条振动阻尼器后放置在进气凸轮轴正时齿轮的轮齿外侧（不可环绕在轮齿上）。

第2章 可变气门正时发动机的拆装

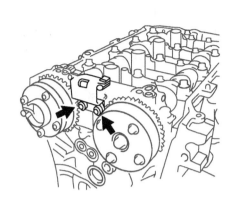

图 2-310 安装 2 号链条振动阻尼器

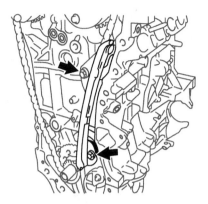

图 2-311 安装 1 号链条振动阻尼器

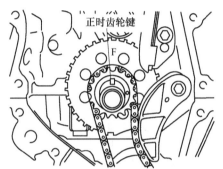

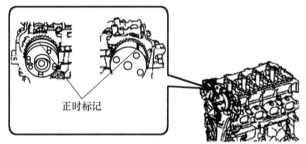

图 2-312 曲轴正时齿轮键和凸轮轴正时齿轮正时标记位置

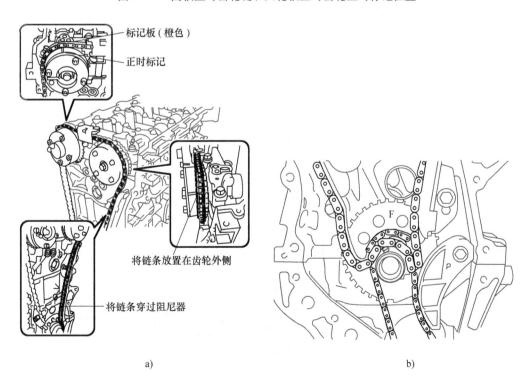

a)   b)

图 2-313 安放正时链条

③如图2-313b所示，将正时链条放置在曲轴上，但不要使其绕过曲轴。

④如图2-314a所示，用扳手逆时针转动进气凸轮轴六角头部分以使橙色标记板和正时标记对准，然后将链条套入进气凸轮轴正时齿轮，再顺时针缓慢地转动进气凸轮轴以张紧链条。

⑤如图2-314b所示，将曲轴侧的黄色标记板和正时标记对准，并将链条安装至曲轴正时链轮。

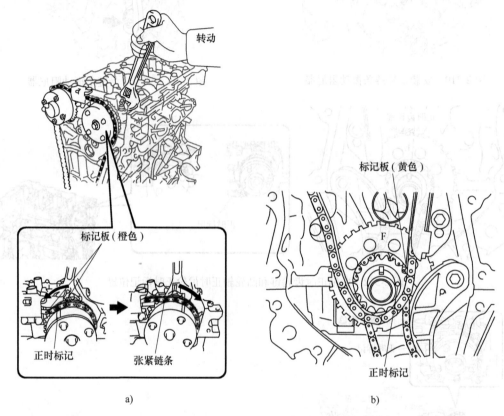

图 2-314　安装正时链条

⑥如图2-315所示，确认1号气缸处于压缩行程上止点，此时重新检查每个正时标记。

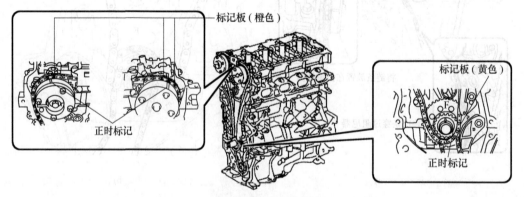

图 2-315　检查正时标记

33）如图2-316所示，安装链条张紧器导板。

34）安装发电机支架。用21N·m的力矩拧紧图2-317中箭头所指位置的4个支架紧固螺栓。

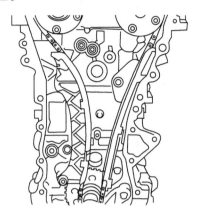

图2-316 安装链条张紧器导板

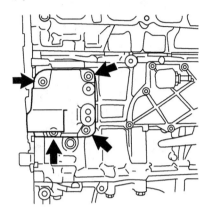

图2-317 安装发电机支架

35）安装正时链条盖分总成。

①安装进水口壳及衬垫。用21N·m的力矩拧紧图2-318中箭头所指位置的3个进水口壳紧固螺栓。

②安装正时链条盖油封。如图2-319所示，用专用工具敲入一个新的正时链条盖油封，直至其表面与正时链条盖边缘齐平，然后在油封唇口上涂抹一薄层润滑脂。

③将正时链条盖与气缸盖、气缸体的接触面清理干净。

④如图2-320中箭头所指，安装3个新的O形密封圈。

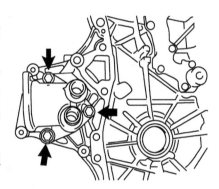

图2-318 安装进水口壳

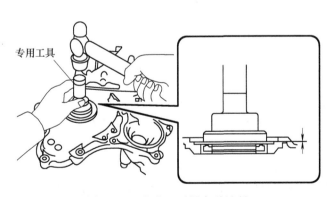

图2-319 安装正时链条盖油封

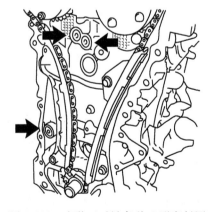

图2-320 安装正时链条盖O形密封圈

⑤在图2-321a中箭头所指的各部件接触处分别涂抹2段直径3mm的密封胶。

⑥在正时链条盖上连续涂抹密封胶，如图2-321b所示。

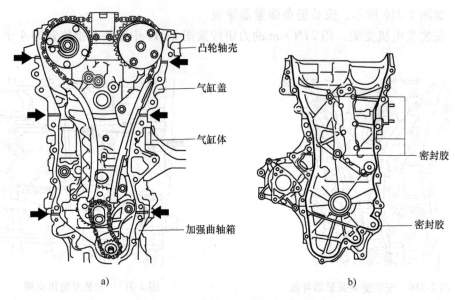

图 2-321　涂抹正时链条盖密封胶

⑦用螺栓将正时链条盖暂时安装在缸体上。

⑧安装水泵。更换新的水泵衬垫，将水泵安装至正时链条盖，以 24N·m 的力矩拧紧图 2-322 中箭头所指的水泵固定螺栓。检查并确认水泵轴承运转平稳且无噪声。

⑨以 51N·m 的力矩拧紧发动机右侧悬置支架的固定螺栓，如图 2-323 中箭头所示。

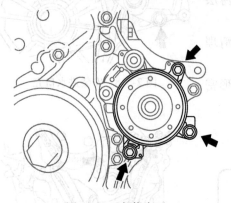

图 2-322　安装水泵

图 2-323　安装发动机悬置支架

⑩将图 2-324a 中箭头所指的机油滤清器支架的两个 O 形密封圈更换为新的。

⑪安装机油滤清器支架。以 26N·m 的力矩拧紧机油滤清器支架的固定螺栓，如图 2-324b 中箭头所示。

⑫安装正时链条盖。如图 2-325a 所示，紧固正时链条盖的 26 个螺栓分为 5 类，其中螺栓 D 有密封垫圈，螺栓 E 的螺纹上需涂抹密封胶，螺栓 A、B、C、D、E 的拧紧力矩分别为 26N·m、51N·m、51N·m、10N·m、26N·m。按照图 2-325b 所示的顺序拧紧螺栓。

36）安装机油滤清器分总成。

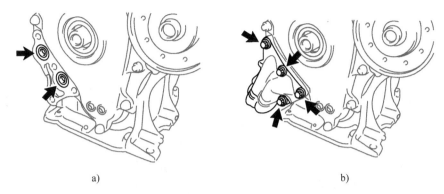

图 2-324　安装机油滤清器支架

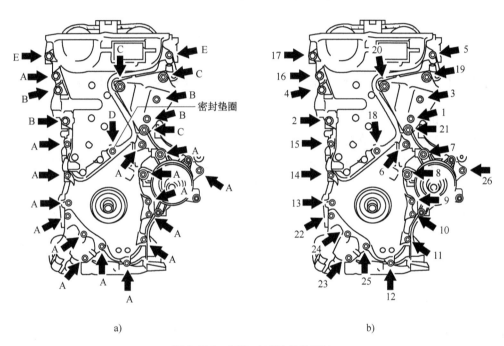

图 2-325　安装正时链条盖螺栓

①如图 2-326 所示，使用 12mm 的六角套筒扳手以 30N·m 的力矩安装机油滤清器底座。

②清洗机油滤清器的安装表面，并在机油滤清器衬垫上涂抹干净的润滑油。

③将机油滤清器轻轻地旋到位并拧紧。

④如图 2-327a 所示，用扳手和专用工具以 25N·m 的力矩紧固机油滤清器。如果不使用扭力扳手，用专用工具将机油滤清器再拧紧 3/4 圈，如图 2-327b 所示。

37）安装曲轴带轮。如图 2-328 所示，用专用工具固定住曲轴带轮，以 190N·m 的力矩拧紧带轮固定螺栓。

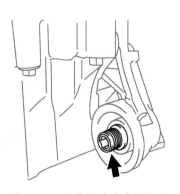

图 2-326　安装机油滤清器底座

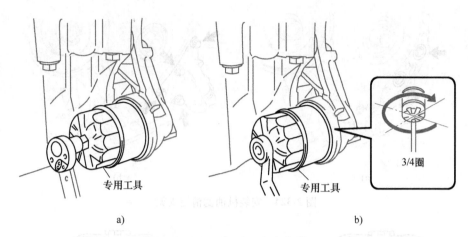

图 2-327 紧固机油滤清器

【注意】 检查专用工具的安装位置，以防止其安装螺栓接触正时链条盖分总成。

38）安装机油压力开关。

①如图 2-329a 所示，在机油压力开关的 2~3 个螺纹上涂抹黏合剂。

②涂抹黏合剂 3min 内，以 15N·m 的力矩安装机油压力开关，如图 2-329b 中箭头所示。

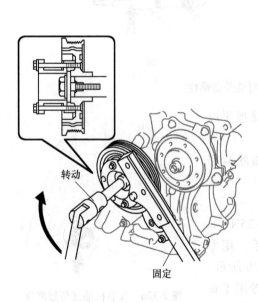

图 2-328 安装曲轴带轮

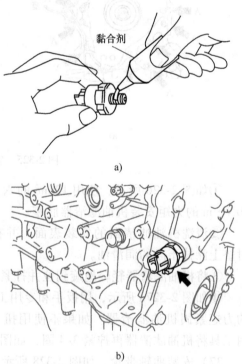

图 2-329 安装机油压力开关

【注意】 安装后1h内不要起动发动机。

39）安装锥螺纹塞。在螺塞的2~3个螺纹上涂抹黏合剂，并以43N·m的力矩安装螺塞，如图2-330中箭头所示。

40）安装冷却液温度传感器。将新衬垫安装至发动机冷却液温度传感器，以20N·m的力矩拧紧温度传感器，如图2-331中箭头所示。

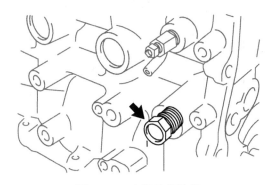

图2-330 安装锥螺纹塞

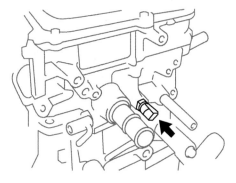

图2-331 安装冷却液温度传感器

41）安装爆燃传感器。如图2-332所示，确保爆燃传感器在正确方位，并以21N·m的力矩拧紧传感器固定螺栓。

42）安装曲轴位置传感器。

①如图2-333a所示，在曲轴位置传感器的O形密封圈上涂抹一薄层润滑油。

②如图2-333b所示，以10N·m的力矩拧紧其紧固螺栓。

43）安装链条张紧器总成。

①如图2-334所示，提起凸轮以松开棘轮爪，然后完全推入柱塞，将挂钩挂于销上。

②如图2-335所示，安装新衬垫、支架和1号链条张紧器，并用2个螺母以10N·m的力矩拧紧。

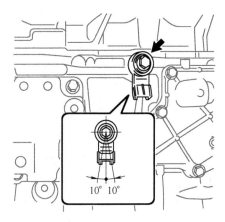

图2-332 安装爆燃传感器

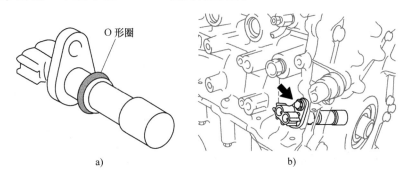

图2-333 安装曲轴位置传感器

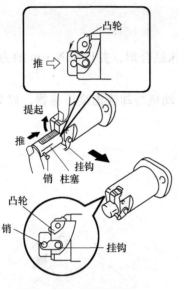

图 2-334 组装链条张紧器

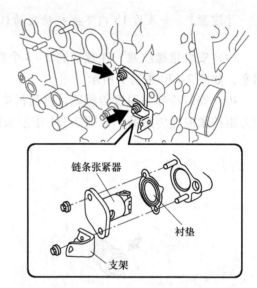

图 2-335 安装链条张紧器

③如图 2-336a 所示，逆时针转动曲轴，使挂钩从销上脱开。

④如图 2-336b 所示，顺时针转动曲轴，然后检查并确认柱塞伸出。

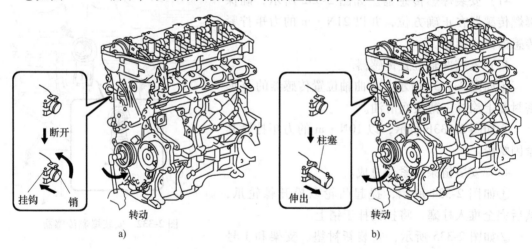

图 2-336 检查并确认柱塞伸出

44）安装气缸盖罩衬垫。如图 2-337 所示，清除气缸盖罩衬垫与气缸盖罩接触面的润滑油，将新的衬垫安装至气缸盖罩。

45）安装气缸盖罩分总成。

①更换 4 个火花塞套管衬垫（参见 2.3.2 节）。

②如图 2-338 中箭头所指，将 3 个新衬垫安装至 1 号凸轮轴轴承盖。

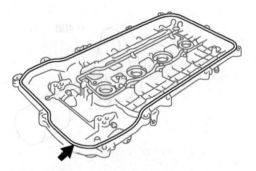

图 2-337 安装气缸盖罩衬垫

③清除气缸盖罩与凸轮轴壳接触面的润滑油，在图2-339中箭头所指的部位涂抹密封胶。

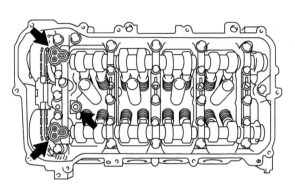

图2-338　安装1号凸轮轴轴承盖衬垫

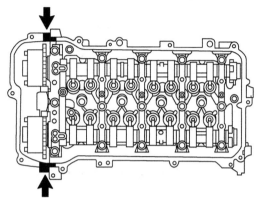

图2-339　涂抹凸轮轴壳密封胶

④如图2-340所示，在15min内以10N·m的力矩拧紧气缸盖罩的13个紧固螺栓。

【注意】　安装气缸盖罩后至少2h不要起动发动机。

46）安装凸轮轴正时机油控制阀总成。

①如图2-341所示，在新的O形密封圈上涂抹润滑油，并将两个O形密封圈分别安装到进、排气侧凸轮轴正时机油控制阀上。

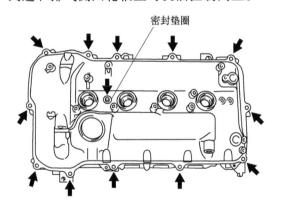

图2-340　安装气缸盖罩

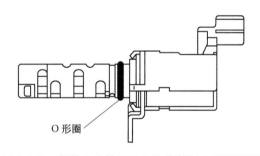

图2-341　安装凸轮轴正时机油控制阀O形密封圈

②区分进气侧、排气侧凸轮轴正时机油控制阀后安装到位，如图2-342所示，分别用10N·m的力矩拧紧箭头所指的2个紧固螺栓以固定两个控制阀和排气侧线束支架。

47）安装凸轮轴位置传感器。在凸轮轴位置传感器O形密封圈上涂抹一薄层润滑油，区分进气侧、排气侧凸轮轴位置传感器后安装到位，如图2-343所示，分别以10N·m的力矩拧紧其紧固螺栓。

48）安装火花塞。清除火花塞积炭，检查并确认电极间隙合理后，如图2-344所示，用14mm的火花塞扳手以20N·m的力矩安装4个火花塞。

49）安装发动机防尘罩接头。如图2-345所示，以10N·m的力矩安装发动机防尘罩接头。

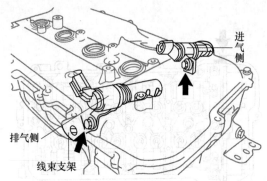

图 2-342　安装凸轮轴正时机油控制阀

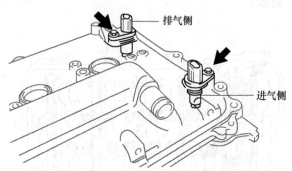

图 2-343　安装凸轮轴位置传感器

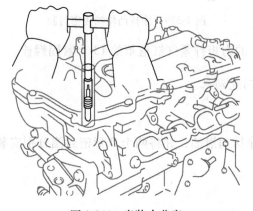

图 2-344　安装火花塞

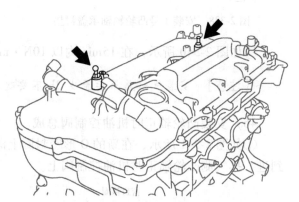

图 2-345　安装发动机防尘罩接头

50）安装机油加注口盖。如图 2-346 所示，将新衬垫安装到加注口盖上，旋紧机油加注口盖。

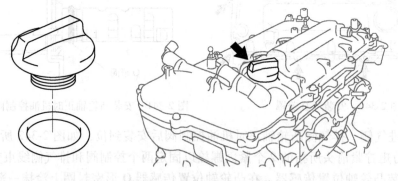

图 2-346　安装机油加注口盖

2.4.2　发动机外围附件的安装

1）安装收音机设置调相器。如图 2-347 所示，用 10N·m 的力矩拧紧其紧固螺栓。

2)安装节温器。

①检查并确认节温器工作良好后,将新衬垫安装在节温器上,如图2-348所示,将节温器安装至进水口处,跳阀应设置在规定位置两侧10°范围内。

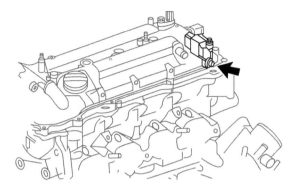

图2-347 安装收音机设置调相器　　　　图2-348 安装节温器

②安装进水口。如图2-349所示,以10N·m的力矩拧紧其紧固螺母。

3)安装进水软管。如图2-350所示,用两个卡夹安装进水软管。

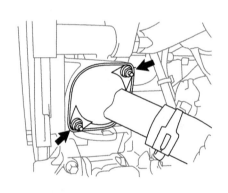
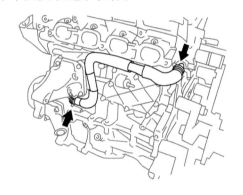

图2-349 安装进水口　　　　图2-350 安装进水软管

4)安装水旁通软管。将水旁通软管的上端安装在缸体上。

5)安装1号和3号水旁通管总成。

①安装1号水旁通管。如图2-351所示,以21N·m的力矩拧紧其紧固螺栓。

②安装3号水旁通管。如图2-352箭头所示,将3号水旁通管连接到进水口壳上。

6)安装通风软管。如图2-353箭头所示,用卡夹安装通风软管。

7)安装排气歧管。

①安装排气歧管2号隔热罩,拧紧4个固定螺栓。

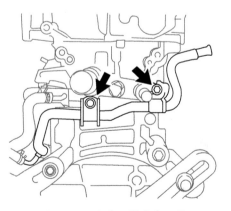

图2-351 安装1号水旁通管

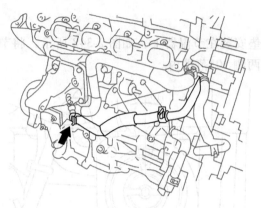

图 2-352　安装 3 号水旁通管

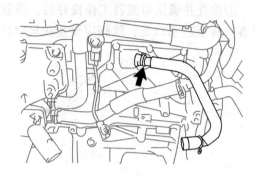

图 2-353　安装通风软管

②安装新的排气歧管衬垫，如图 2-354 箭头所示，以 21N·m 的力矩拧紧排气歧管的 5 个固定螺母。

③如图 2-355 箭头所示，以 43N·m 的力矩拧紧排气歧管撑条的 3 个固定螺栓。

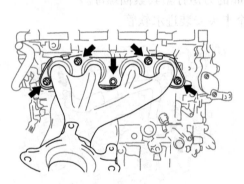

图 2-354　安装排气歧管

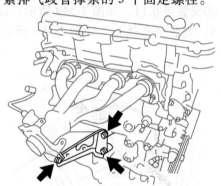

图 2-355　安装排气歧管撑条

④如图 2-356 箭头所示，以 12N·m 的力矩拧紧排气歧管 1 号隔热罩的 4 个固定螺栓。

8）安装机油尺及其导管。在新 O 形密封圈上涂抹润滑油，如图 2-357 所示，以 21N·m 的力矩拧紧机油尺导管的固定螺栓。

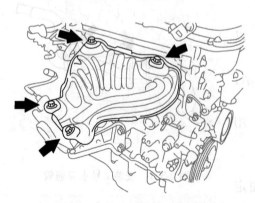

图 2-356　安装排气歧管 1 号隔热罩

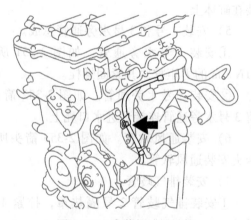

图 2-357　安装机油尺导管

9）安装点火线圈。以 10N·m 的力矩拧紧 4 个点火线圈的固定螺栓。

10）安装供油系统。

①如图 2-358a 所示，将新的喷油器隔振垫和新的 O 形密封圈安装到各喷油器总成上，并在新 O 形密封圈的接触面处涂抹一薄层汽油。

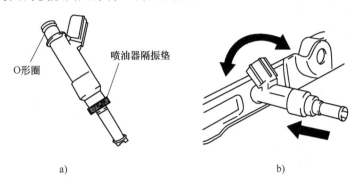

图 2-358　安装喷油器

②如图 2-358b 所示，在左右转动喷油器的同时将其安装到输油管分总成上。

③如图 2-359 所示，将两个 1 号输油管隔垫安装到气缸盖上。

④安装输油管和喷油器。检查并确认喷油器转动顺畅，如图 2-360 所示，以 21N·m 的力矩拧紧箭头所指的 3 个螺栓。

⑤如图 2-361 所示，将燃油管分总成插接器插入输油管，直到听到"咔嗒"声。

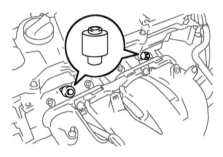

图 2-359　安装输油管隔垫

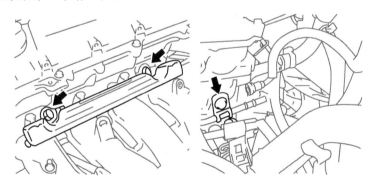

图 2-360　安装输油管和喷油器

⑥如图 2-362 所示，安装新的 2 号燃油管卡夹。

11）安装进气歧管。

①将新衬垫安装至进气歧管，如图 2-363 所示，以 28N·m 的力矩拧紧 4 个螺栓和 2 个螺母，固定进气歧管及其撑条。

②连接通风软管与进气歧管。

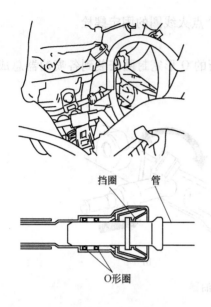

图 2-361 连接输油管

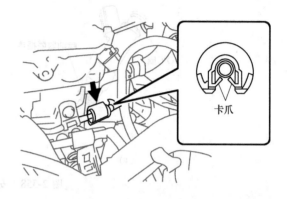

图 2-362 安装燃油管卡夹

③连接图 2-364 中箭头所指的 2 个水旁通软管。

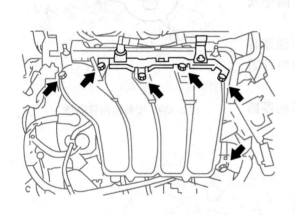

图 2-363 安装进气歧管

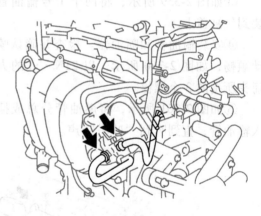

图 2-364 安装水旁通软管

④以 10N·m 的力矩拧紧软管支架的 2 个螺栓，连接蒸气供给软管与进气歧管，连接真空软管与进气歧管。

⑤拧紧图 2-365 中箭头所指的线束支架固定螺栓，安装进气歧管上的线束支架。

12）如图 2-366 所示，安装两个发动机吊架，并以 43N·m 的力矩拧紧发动机吊架与发动机连接的 2 个螺栓。

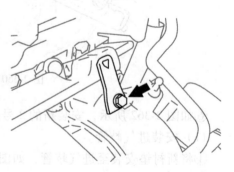

图 2-365 安装进气歧管线束支架

第2章 可变气门正时发动机的拆装

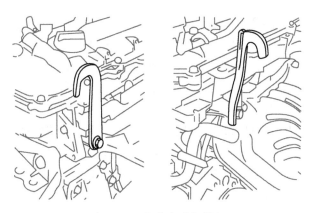

图 2-366 安装发动机吊架

2.5 发动机总成的安装

本节讲述 2ZR 发动机总成安装于一汽丰田卡罗拉汽车上的过程。

1）对于手动传动桥，安装飞轮、离合器和传动桥总成。

①安装飞轮。如图 2-367a 所示，在飞轮固定螺栓端部 2~3 个螺纹上涂抹黏合剂，用

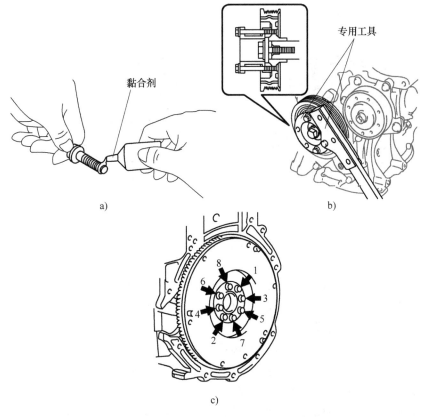

图 2-367 安装飞轮

专用工具锁住曲轴带轮（图 2-367b），按图 2-367c 所示的顺序分两次紧固飞轮固定螺栓，第一次以 49N·m 的力矩均匀拧紧，第二次顺时针紧固 90°。

②安装离合器。先对离合器进行检查，确认其满足装配要求。如图 2-368a 所示，将专用工具按正确的方向插入离合器盘总成，然后与离合器盘总成一起插入飞轮。将离合器盖总成与飞轮总成上的装配标记对准，从位于顶部锁销附近的螺栓开始，按图 2-368b 所示的顺序以 19N·m 的力矩拧紧 6 个螺栓以安装离合器盖，然后拔出专用工具。

③检查并调节离合器的安装情况。如图 2-368c 所示，用带滚子仪的百分表检查膜片弹簧顶端的高度偏差，其值应在 0.9mm 范围内，如果偏差不符合规定，用专用工具调节膜片弹簧顶端的高度偏差直至符合规定。

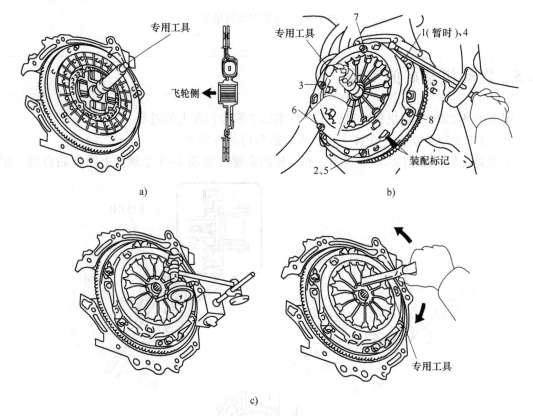

图 2-368　安装离合器

④安装手动传动桥总成。将变速器输入轴插入离合器盘内花键，使定位销和定位销孔对齐，将传动桥安装至发动机，并使传动桥总成端面紧贴发动机，以 33N·m 的力矩安装图 2-369 中箭头所指的 7 个螺栓。

2）对于自动传动桥，安装传动板和齿圈分总成、传动桥总成。

①安装传动板和齿圈分总成。在 8 个固定螺栓端部 2~3 个螺纹上涂抹黏合剂，用螺栓依次安装传动板前隔垫、传动板和齿圈分总成、传动板后隔垫，用专用工具锁住曲轴带轮，按对角顺序分两次紧固固定螺栓，第一次以 88N·m 的力矩均匀拧紧，第二次顺时针紧固 90°。

②安装自动传动桥总成。将传动桥安装至发动机,并使传动桥总成端面紧贴发动机,以33N·m的力矩安装图2-370中箭头所指的7个螺栓。

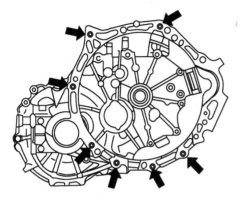

图2-369 安装手动传动桥

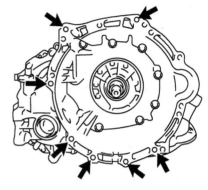

图2-370 安装自动传动桥

③安装传动板和变矩器离合器固定螺栓。在6个固定螺栓端部2圈螺纹上涂抹黏合剂,用专用工具锁住曲轴带轮。如图2-371所示,先安装黑色螺栓再安装其余5个螺栓,并以28N·m的力矩拧紧。

④如图2-372所示安装飞轮壳底罩。

图2-371 安装传动板和变矩器离合器固定螺栓

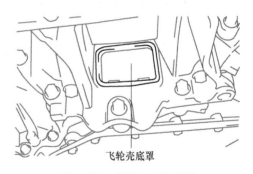

图2-372 安装飞轮壳底罩

3)安装起动机总成。

①如图2-373所示,用2个螺栓安装起动机总成,并以37N·m的力矩拧紧。

②安装飞轮壳侧盖。

4)安装发动机悬置隔振垫(此步骤仅在更换隔振垫时执行)。

①如图2-374所示,安装发动机前悬置隔振垫至前横梁,并以95N·m的力矩拧紧隔振垫固定螺栓。

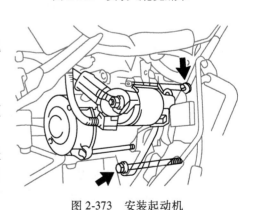

图2-373 安装起动机

②如图2-375所示,用贯穿螺栓和螺母将发动机后悬置隔振垫安装在传动桥上,并以95N·m的力矩拧紧隔振垫固定螺栓。

③如图2-376所示,安装发动机左侧悬置隔振垫,并以95N·m的力矩拧紧隔振垫的

4个固定螺栓。

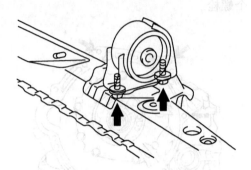

图 2-374 安装发动机前悬置隔振垫

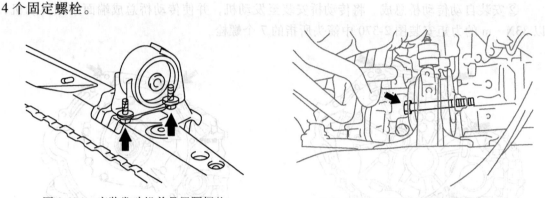

图 2-375 安装发动机后悬置隔振垫

④如图 2-377a 所示，安装发动机右侧悬置隔振垫，并以 95N·m 的力矩拧紧隔振垫的 3 个固定螺栓。如图 2-377b 所示，用螺栓和螺母将空调管路支架安装至发动机右侧悬置隔振垫上，并以 9.8N·m 的力矩拧紧。

5）安装发动机与传动桥总成。

①用起重机将发动机与传动桥总成放入发动机舱。

②如图 2-378a 所示，将发动机与传动桥总成和前横梁放置在发动机升降机（其工作

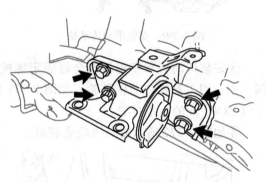

图 2-376 安装发动机左侧悬置隔振垫

a)

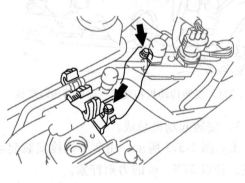
b)

图 2-377 安装发动机右侧悬置隔振垫

面铺设木块）上，操作发动机升降机，将发动机与传动桥总成和前横梁举升至可以连接发动机左侧和右侧悬置隔振垫的位置。

③如图 2-378b 所示，使用贯穿螺栓和螺母将发动机左侧悬置隔振垫与左侧悬置支架相连，并以 56N·m 的力矩拧紧螺栓。

④如图 2-378c 所示，使用螺栓和 2 个螺母将发动机右侧悬置隔振垫与右侧悬置支架相连，并以 95N·m 的力矩拧紧螺栓 A 和螺母 A，以 52N·m 的力矩拧紧螺母 B。

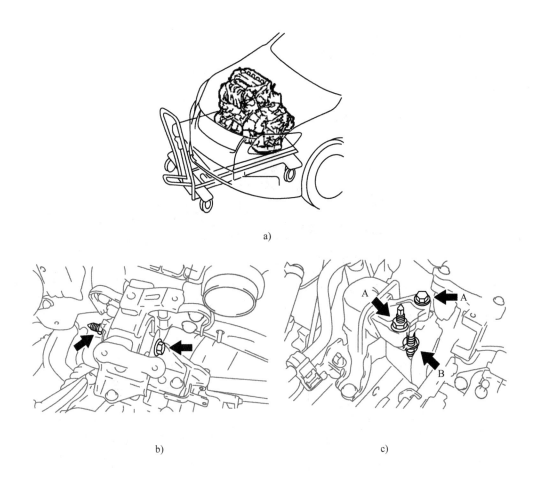

图 2-378　安装发动机与传动桥总成

6）安装前横梁。

①如图 2-379a 所示，用 4 个螺栓安装前横梁，并以 96N·m 的力矩拧紧螺栓。

②如图 2-379b 所示，用螺栓和螺母将发动机前悬置隔振垫与发动机前悬置支架相连，并以 145N·m 的力矩拧紧螺栓。

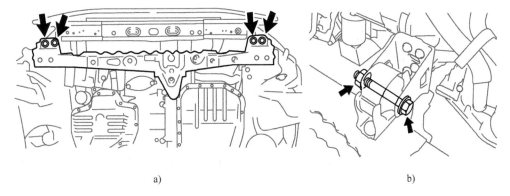

图 2-379　安装前横梁

7) 安装前悬架横梁分总成。

①用变速箱千斤顶支撑前悬架横梁。

②如图 2-380 所示，用专用工具 SST 交替插入前悬架横梁的左侧和右侧参考孔，将左侧和右侧的 2 个螺栓 A、2 个螺栓 B 和 2 个螺母分别分步拧紧至 145N·m、95N·m、93N·m，其装配示意图如图 2-381 所示。

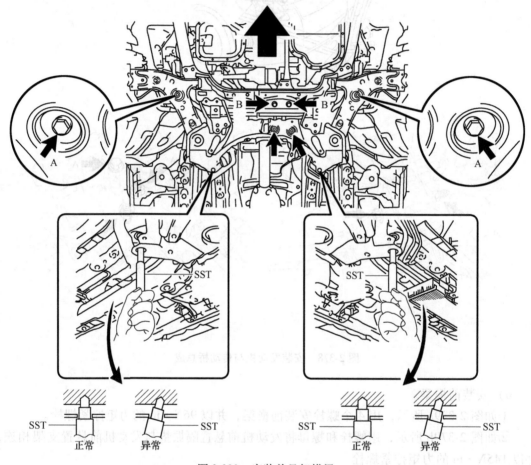

图 2-380　安装前悬架横梁

8) 取下发动机吊架，安装空燃比传感器支架。

9) 安装左前悬架横梁后支架。如图 2-382 所示，分别以 145N·m、93N·m 的力矩拧紧螺栓 A、螺栓 B。

10) 用与安装左前悬架横梁后支架相同的方法安装右前悬架横梁后支架。

11) 安装左前悬架横梁加强件。如图 2-383a 所示，暂时拧紧螺栓 A 和 B，再按 C、B、D、A 的顺序以 96N·m 的力矩拧紧 4 个螺栓。

12) 用与安装左前悬架横梁加强件相同的方法安装右前悬架横梁加强件（图 2-383b）。

13) 安装发动机前悬置支架下加强件。以 96N·m 的力矩拧紧图 2-384 中箭头所指的 2 个螺栓。

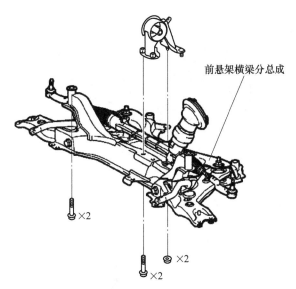

图 2-381 前悬架横梁装配示意图

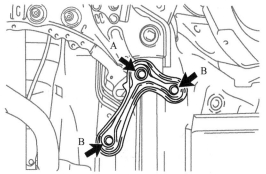

图 2-382 安装左前悬架横梁后支架

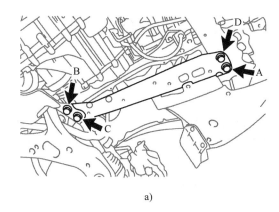

a)

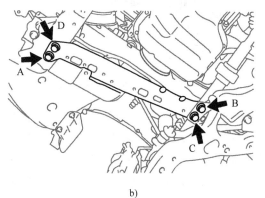

b)

图 2-383 安装前悬架横梁加强件

14)安装前桥半轴总成。

①在内侧万向节轴花键上涂齿轮油,如图 2-385 所示,对准花键,用铜棒和锤子敲进左半轴,使开口侧向下安装卡环,注意不要损坏油封、防尘套和防尘罩。

②用与安装前桥左半轴总成相同的方法安装前桥右半轴总成。

③如图 2-386 所示,对准装配标记,将前桥左半轴总成插进左前桥总成。

④用与插进前桥左半轴总成相同方法将右半轴插进右前桥总成。

15)安装左前悬架下臂。以 89N·m 的力矩拧紧图 2-387 中箭头所指的螺栓和 2 个螺母,将左前悬架下臂连接至前下球节。

16)用与安装左前悬架下臂相同的方法安装右前悬架下臂。

17)安装左前稳定杆连杆总成。如图 2-388 所示,使用六角扳手固定稳定杆球头,以 74N·m 的力矩拧紧箭头所指的稳定杆球头的锁紧螺母,将左前稳定杆连杆总成安装至前减振器。

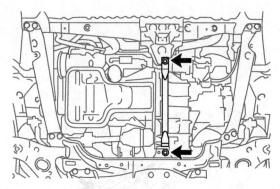

图 2-384　安装发动机前悬置支架下加强件

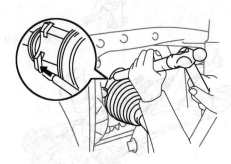

图 2-385　安装前桥左半轴

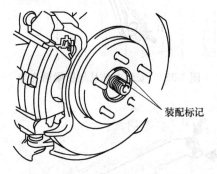

图 2-386　将左半轴插进左前桥

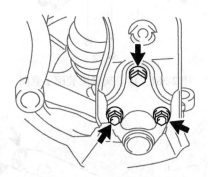

图 2-387　安装左前悬架下臂

18）用与安装左前稳定杆连杆总成相同的方法安装右前稳定杆连杆总成。

19）连接左侧横拉杆接头分总成。如图 2-389 所示，以 49N·m 的力矩拧紧箭头所指的锁紧螺母，将左侧横拉杆接头分总成连接至转向节，并安装新的开口销。

20）用与连接左侧横拉杆接头分总成相同的方法连接右侧横拉杆接头分总成。

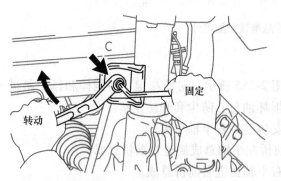

图 2-388　安装左前稳定杆连杆

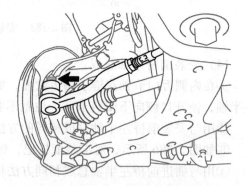

图 2-389　连接左侧横拉杆接头

21）安装左前与右前轮速传感器。如图 2-390a 所示，用卡夹（虚线方框所示）、螺栓（箭头所指，以 29N·m 的力矩拧紧）分别将轮速传感器线束、线束支架安装至前减振器。如图 2-390b 所示，用螺栓（箭头所指，以 8.5N·m 的力矩拧紧）将轮速传感器安装至万向节，注意不要扭曲轮速传感器。

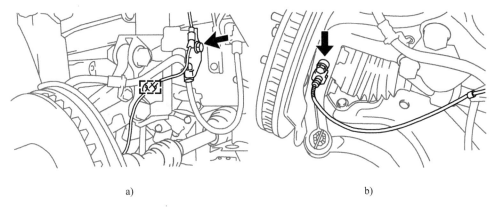

图 2-390　安装前轮速传感器

22）安装左前桥与右前桥轮毂螺母。用 216N·m 的力矩拧紧轮毂螺母，如图 2-391 所示，用冲子和锤子锁紧螺母。

23）安装前排气管总成。

①检查压缩弹簧的自由长度。如图 2-392 所示，用游标卡尺测量并确认前压缩弹簧的自由长度不小于 41.5mm、后压缩弹簧的自由长度不小于 38.5mm，否则更换压缩弹簧。

②在排气歧管上安装新衬垫。如图

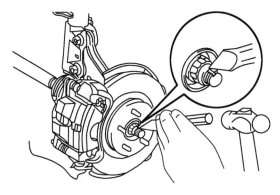

图 2-391　安装前桥轮毂螺母

2-393 所示，用塑料锤和木块敲入新衬垫，直至其表面与排气歧管齐平，注意衬垫的安装方向，并不要损坏衬垫。

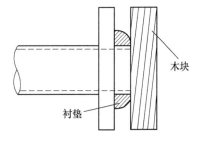

图 2-392　检查排气管压缩弹簧　　　　　图 2-393　安装排气管衬垫

③将前排气管总成安装在排气管支架上，然后用 2 个压缩弹簧和 2 个螺栓（图 2-394a 箭头所指，以 43N·m 的力矩拧紧）将前排气管总成连接至排气歧管。

④在前排气管后端安装新衬垫。如图 2-393 所示，用塑料锤和木块敲入新衬垫，直至其表面与前排气管齐平，注意衬垫的安装方向，并不要损坏衬垫。

⑤如图 2-394b 所示，用 2 个压缩弹簧和 2 个螺栓（箭头所指，以 43N·m 的力矩拧紧）将前排气管总成连接到中央排气管总成。

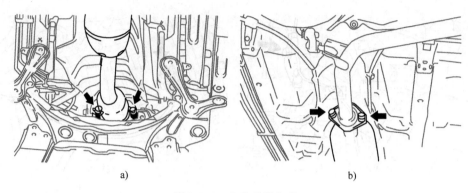

图 2-394 安装前排气管

24）安装转向中间轴。

①如图 2-395 所示，用 2 个卡夹 A、B 安装转向柱 1 号孔盖分总成。

②安装 2 号转向中间轴总成。如图 2-396a 所示，对齐 2 号转向中间轴总成和转向中间轴上的装配标记，以 35N·m 的力矩拧紧图 2-396b 中所示的螺栓。

③如图 2-397 所示，用两个卡夹安装转向柱孔盖消声板。

④安装地毯。

25）对于手动传动桥，如图 2-398 所示，用 5 个螺栓安装离合器工作缸和离合器管支架，并以 12N·m 的力矩拧紧螺栓 A、以 8N·m 的力矩拧紧螺栓 B。

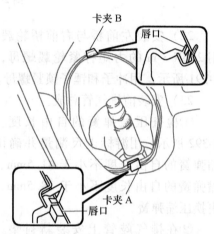

图 2-395 安装转向柱 1 号孔盖

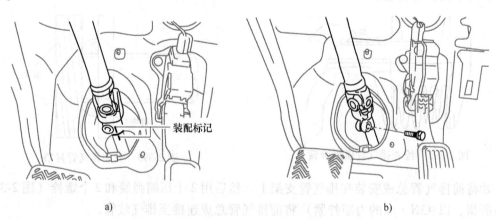

图 2-396 安装 2 号转向中间轴

26）安装空调压缩机。

①如图 2-399 所示，以 9.8N·m 的力矩拧紧 2 个双头螺柱，再将空调压缩机安置在双头螺柱上，以 25N·m 的力矩先拧紧 2 个螺母再拧紧 2 个螺栓以固定空调压缩机。

②连接空调压缩机的线束插接器。

图 2-397　安装转向柱孔盖消声板

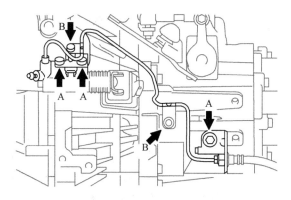

图 2-398　安装离合器工作缸

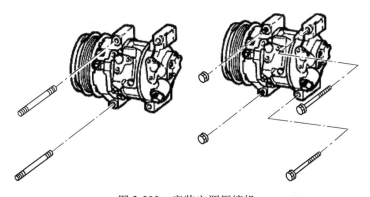

图 2-399　安装空调压缩机

27) 安装发电机总成（图2-400）。
①用螺栓 D 安装皮带调节杆。
②用螺栓 A、B 暂时安装发电机。

28) 检查、安装和调节多楔带。
①目视检查皮带是否过度磨损、加强筋损坏等，如果发现损坏则更换皮带。
②将多楔带套在带轮上，检查并确认多楔带正确安装在楔形槽中，如图2-401所示，图2-401a所示为正确，图2-401b、c所示为错误。
③检查和调整多楔带的偏移量和张

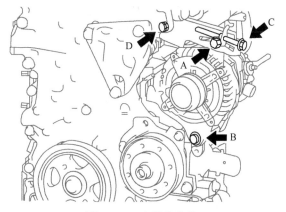

图 2-400　安装发电机

紧度（图2-402），转动图2-400中螺栓C以调节偏移量和张紧度，达到规定值后再以19N·m的力矩拧紧图2-400中螺栓A、以43N·m的力矩拧紧螺栓B。

对于使用时间为5min之内的新皮带：在图2-402所示规定点处施加98N的力检查偏移量，偏移量应在7.5~8.6mm之间；在图2-402所示规定点处使用皮带张力计检查张紧力，张紧力应在637~735N之间。

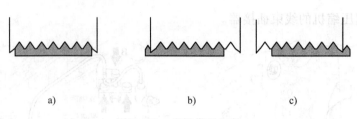

图 2-401 多楔带的安装

对于使用时间超过 5min 的皮带（即用过的皮带）：在图 2-402 所示规定点处施加 98N 的力检查偏移量，偏移量应在 8.0～10.0mm 之间；在图 2-402 所示规定点处使用皮带张力计检查张紧力，张紧力应在 392～588N 之间。

新皮带安装后运转 5min，然后采用用过的皮带的规定值重新检查偏移量和张紧度。

29）连接燃油管分总成。

①如图 2-403 所示，连接燃油管插接器和燃油管。将燃油管插接器和燃油管对准，然后将燃油管插接器推入，直至夹持器发出"咔嗒"声。如果连接过紧，则在燃油管顶部涂抹少量机油。连接后拉动燃油管和插接器，确保连接牢固。

②如图 2-404 所示，接合卡爪，安装 1 号燃油管卡夹。

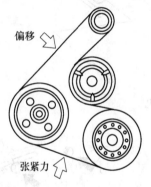

图 2-402 多楔带的检查与调整

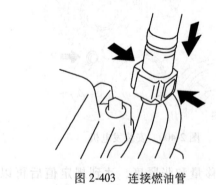

图 2-403 连接燃油管

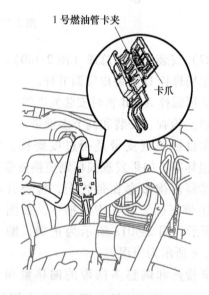

图 2-404 安装 1 号燃油管卡夹

30）用卡夹分别将加热器进水软管、加热器出水软管与前后管路相连。

31）如图 2-405 所示，用卡夹连接单向阀软管接头。

32）如图 2-406 所示，将 1 号燃油蒸气供给软管连接至炭罐电磁阀。

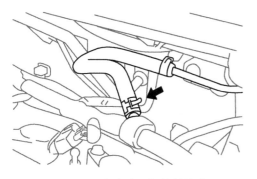

图 2-405 连接单向阀软管接头

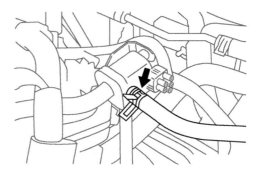

图 2-406 安装 1 号燃油蒸气供给软管

33）如图 2-407 所示，用卡夹连接 2 条油冷却器软管（仅对于自动变速器）。

34）安装变速器控制拉索。

①对于手动传动桥，如图 2-408 所示，用 2 个新卡夹 A 将变速器控制拉索安装至控制拉索支架，用 2 个新卡夹 B 将变速器控制拉索安装至传动桥。

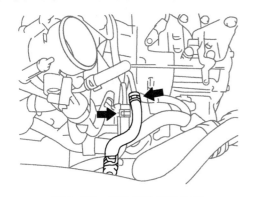

图 2-407 安装油冷却器软管

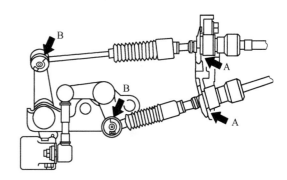

图 2-408 安装手动变速器控制拉索

②对于自动传动桥，如图 2-409a 所示，用卡夹将控制拉索固定至控制拉索支架。如图 2-409b 所示，用卡夹 A 将控制拉索连接到拉索支架上，用螺栓 B 安装控制拉索并用 12N·m 的力矩拧紧。

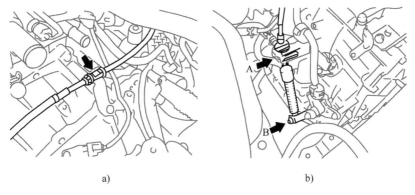

图 2-409 安装自动变速器控制拉索

35）如图 2-410 所示，用卡夹连接散热器出水软管和进水软管。

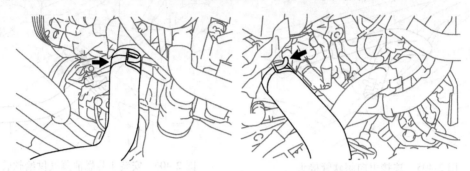

图 2-410　安装散热器出水软管和进水软管

36）安装蓄电池托架和蓄电池。

①用 4 个螺栓安装蓄电池托架，并用 19N·m 的力矩拧紧。

②如图 2-411a 中箭头所示，用 2 个螺栓安装散热器管，并用 19N·m 的力矩拧紧。

③如图 2-411b 中虚线三角形所示，连接 2 个线束卡夹至蓄电池托架上。

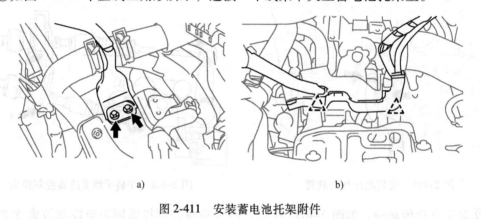

图 2-411　安装蓄电池托架附件

④安装蓄电池。分别以 17N·m、3.5N·m 的力矩拧紧蓄电池卡夹分总成的螺栓和螺母。

【注意】　有些汽车在恢复供电后需要初始化。

37）安装空气滤清器壳。如图 2-412 所示，以 7N·m 的力矩拧紧箭头 B 所指的 3 个螺栓安装空气滤清器壳，将箭头 A 所指的线束卡夹安装至空气滤清器壳，再安装空气滤芯。

38）安装空气滤清器盖分总成。

①用图 2-413a 中箭头所指的卡箍连接 2 号通风软管、进气软管。

②用图 2-413b 中箭头所指的两个卡夹连接空气滤清器盖分总成与空气滤清器壳。

39）安装发动机线束。

①安装起动机线束。如图 2-414 所示，连接起动机插接器（箭头 A 所指），用螺母

（以 9.8N·m 的力矩拧紧）连接 30 端子（箭头 B 所指），再安装 30 端子盖。用螺栓（以 8.4N·m 的力矩拧紧）安装线束支架，再安装两个线束卡夹。

②安装发电机线束。如图 2-415 所示，用螺母（以 9.8N·m 的力矩拧紧）将线束安装到端子（箭头 A 所指）并安装端子盖，安装插接器（箭头 B 所指）和线束卡夹（箭头 C 所指）。

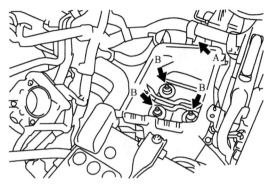

图 2-412 安装空气滤清器壳

③如图 2-416 所示，用 2 个螺母（以 8.4N·m 的力矩拧紧）安装线束，将线束插接器和线束卡夹连接至发动机室接线盒。如图 2-417 所示，用卡夹和扳杆将插接器连接至发动机 ECU。

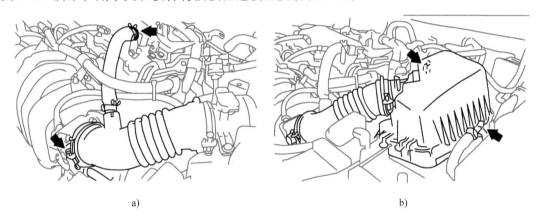

图 2-413 安装空气滤清器盖

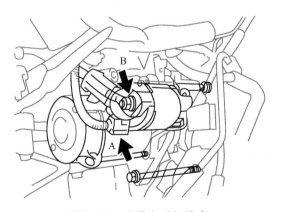

图 2-414 安装起动机线束

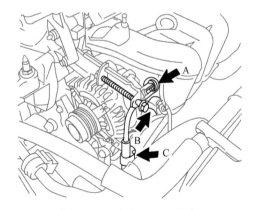

图 2-415 安装发电机线束

④安装搭铁线。对于手动传动桥，用图 2-418a 中箭头所指的螺栓（以 13N·m 的力矩拧紧）和卡夹安装搭铁线；对于自动传动桥，用图 2-418b 中箭头所指的螺栓（以 26N·m 的力矩拧紧）和卡夹安装搭铁线。

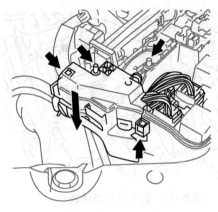

图 2-416 安装发动机室接线盒线束

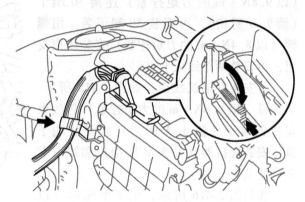

图 2-417 安装发动机 ECU 线束

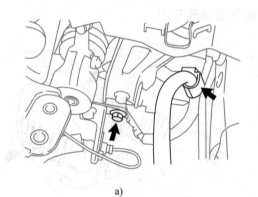

a)   b)

图 2-418 安装搭铁线

⑤将发动机线束上的其他所有插接器连接至相应传感器或执行器等部件。

40）添加传动桥润滑油，并检查是否泄漏。

41）添加发动机冷却液，并检查是否泄漏。

42）添加发动机润滑油至合适油位。

43）安装汽车前轮，以 103N·m 的力矩拧紧车轮紧固螺母，并调节前轮定位。

44）连接蓄电池正、负极端子。

45）运转发动机，检查怠速、点火正时、油压等是否正常，检查油液（含燃油、润滑油、冷却液等）是否泄漏，检查进、排气管是否漏气。

46）安装发动机 2 号与 1 号底罩、发动机后部左侧与右侧底罩。

47）安装发动机防尘罩、散热器上导流板。

第3章

涡轮增压发动机的拆装

涡轮增压发动机是指配备涡轮增压器的发动机。涡轮增压器利用发动机排出的废气惯性冲力来推动涡轮室内的涡轮，涡轮又带动同轴的压气机叶轮，叶轮压送由空气滤清器管道送来的空气，使之增压进入气缸。因此，实际上涡轮增压器是一种空气压缩机，通过压缩空气来增加进气量，从而提高发动机的功率和转矩。

本章以大众汽车公司 BPL 发动机为例讲述拆装过程。BPL 发动机为直列 4 缸电喷发动机，排量为 1.8L，压缩比 9.3，采用 5 气门结构，使得发动机能够具有更好的动力性能。由于采用了涡轮增压器，该发动机的最大功率达到了 110kW（5800r/min），在 2000～4600r/min 都能达到最大转矩 220N·m，既有大排量发动机的大功率、高转矩特性，又有小排量发动机经济省油的特点。

3.1 发动机总成的拆卸

本节讲述从一汽大众速腾汽车上取下 BPL 发动机的过程。在整个拆卸过程中，需使用到汽车举升机，并根据需要随时调整汽车的举升高度。将汽车开进举升机，使举升臂分别与汽车前、后支撑点相接触，举升汽车至车轮刚离开地面时，用手晃动车身来检查支撑情况，应在牢固可靠、确保安全的情况下进行作业。

BPL 发动机冷却系统的组成与原理示意图如图 3-1 所示。发动机冷却系统一般为强制循环式水冷系统，即利用水泵将冷却液的压力升高，强制冷却液在发动机冷却系统中循环流动。冷却系统一般包括冷却液储液罐、水泵、散热器、节温器、气缸体和气缸盖中的水套以及其他附加装置等。

BPL 发动机进气系统和真空管路的组成与原理示意图如图 3-2 所示。进气系统将纯净空气尽可能多地供入气缸内，并尽可能使各缸进气量一致，为各气缸热功转换提供物质基础。涡轮增压发动机的进气系统一般由空气滤清器、空气流量计、进气软管、涡轮增压器、中冷器、节气门、进气管等组成。

1) 关闭点火开关，使所有用电器断电。
2) 打开发动机舱盖，拆卸发动机塑料罩盖。
3) 拆卸下部隔音垫。如图 3-3 所示，旋下 8 个固定螺钉 2，取下下部隔音垫 1。
4) 拆卸前保险杠盖板。

① 如图 3-4 所示，旋出散热器格栅 1 的固定螺栓 2，用一字旋具将图中箭头所指的卡舌从前围板支架上拆卸下来，将散热器格栅 1 向前移动并从保险杠盖板上向上取出。

② 如图 3-5 所示，旋出螺栓 2（2个）、螺栓 5（8个），再将螺栓 4（6个）和螺栓 1

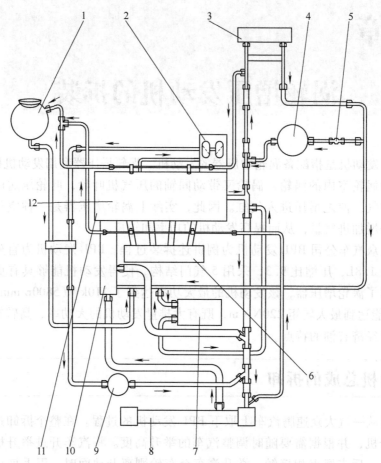

图 3-1　BPL 发动机冷却系统的组成与原理示意图

1—冷却液储液罐　2—涡轮增压器　3—热交换器　4—ATF 冷却器（仅对于自动变速器）
5—单向阀　6—进气管　7—机油冷却器　8—散热器　9—冷却液继续循环泵
10—节温器　11—水泵　12—气缸体

（2 个）从左右侧车轮罩内板区域旋出。

③脱开所有电气部件的连接和软管连接。

④两人合作，将前保险杠盖板平行地从导向型材中拉出。

5）排空发动机润滑油。

旋下发动机润滑油加注口盖，旋下发动机油底壳上的放油螺栓，将润滑油排入特定容器中，直至排空发动机润滑油。

6）排空发动机冷却液。

①打开冷却液储液罐的密封盖。

②脱开散热器下部的冷却液管路连接，放净散热器内部的冷却液。

③拔下机油冷却器上的冷却液软管，放净发动机内部的冷却液。

④将防冻液收集到专用容器中，依照废弃物处理规定处理。

7）排空变速器油。将变速器油收集到专用容器中，直至排空变速器油，并依照废弃

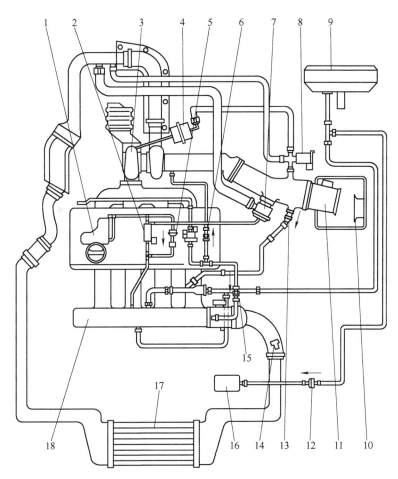

图 3-2 BPL 发动机进气系统和真空管路的组成与原理示意图

1—真空罐（拧在气缸盖罩上） 2—涡轮增压器循环空气阀 3—涡轮增压器 4—旁通阀控制器
5、6、12、13、15—单向阀 7—机械循环空气阀 8—增压压力限制电磁阀（阀门由ECU控制） 9—制动助力器
10—空气滤清器 11—空气流量计 14—增压压力传感器 16—电子真空泵 17—增压空气冷却器 18—进气管

物处理规定处理。

8）释放燃油系统压力。如图 3-6 所示，拆下供油软管 1 和活性炭罐电磁阀软管 2。

【注意】 在打开供油软管的管路连接之前，用抹布围住连接位置，然后小心地拔出软管，以卸除燃油压力；打开管路连接之后，需封闭供油软管和活性炭罐电磁阀软管以避免受到污染。

9）拆卸蓄电池。

【注意】 必须先查询收音机防盗密码。

10）拆卸空气滤清器和空气流量计
①断开空气流量计的插头连接。
②旋下空气滤清器的固定螺栓，并向上拔起空气滤清器。

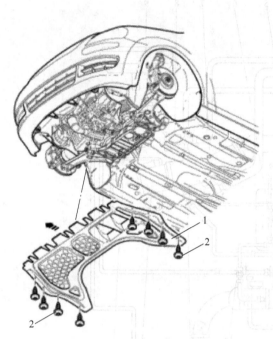

图 3-3 拆卸下部隔音垫

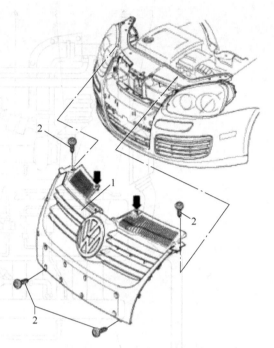

图 3-4 拆卸散热器格栅

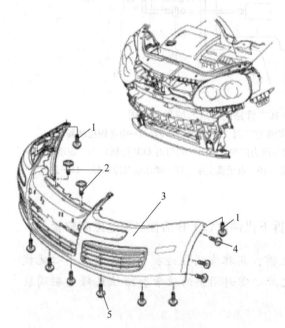

图 3-5 拆卸前保险杠盖板

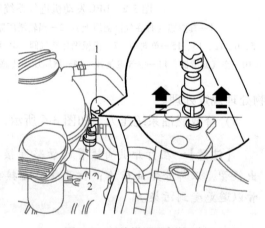

图 3-6 释放燃油系统压力

③脱开空气流量计与进气软管连接的夹箍。

④取下空气滤清器和空气流量计。

11）拆卸蓄电池支架。旋下图 3-7 中箭头所指的 3 个固定螺栓，取出蓄电池支架。

12）如图 3-8 所示，挑出通往热交换器的水管卡夹，拔下两个水管。

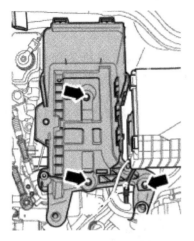

图 3-7 拆卸蓄电池支架

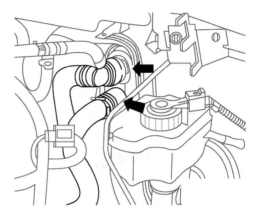

图 3-8 拆卸热交换器水管

13）脱开冷却液管路与散热器的连接。

14）脱开冷却液管路与冷却液储液罐的连接。

15）脱开冷却液管路与冷却液继续循环泵的连接。

16）如图 3-9 所示，分别拆下增压空气冷却器左右两侧的增压管路。

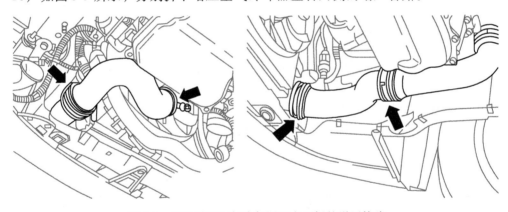

图 3-9 拆卸增压空气冷却器左右两侧的增压管路

17）拆卸电子真空泵（仅对于自动变速器的车辆）。如图 3-10 所示，断开电子真空泵线束插头 1 的连接，旋下电子真空泵固定螺栓 2，脱开真空管 3 与电子真空泵的连接，取下电子真空泵。

18）断开制动助力器的真空管路连接。

19）拆卸带筋 V 带。如图 3-11 所示，沿箭头方向转动 V 带张紧装置，取下带筋 V 带。

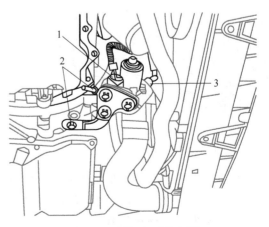

图 3-10 拆卸电子真空泵

【注意】 需标记 V 带的旋转方向。

20）拆卸空调压缩机。拔下空调压缩机插头，旋下空调压缩机的固定螺栓 1（图 3-12），向上移动空调压缩机并固定到车架纵梁上，使制冷剂管路处于无应力状态。

【注意】 此时并未打开空调制冷管路，为避免损坏冷凝器及制冷管路，不要过度拉伸、弯折或扭曲制冷管路。

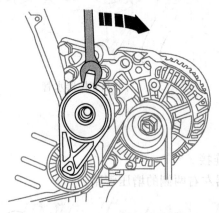

图 3-11 拆卸带筋 V 带

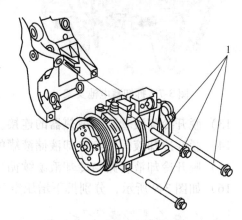

图 3-12 拆卸空调压缩机

21）拆卸冷凝器。拆卸冷凝器固定螺钉（图 3-13 中箭头所指），将冷凝器无应力地吊在车身上。

22）拆卸散热器和增压冷却器。

23）拆卸起动机线束。如图 3-14 所示，拔下起动机的插头 1，旋下供电线固定螺栓 2。

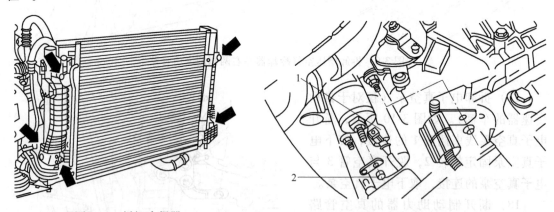

图 3-13 拆卸冷凝器　　　　　　　图 3-14 拆卸起动机线束

24）拆卸发电机线束。如图 3-15 所示，拆下发电机正极线螺栓盖 1，旋下固定螺栓 2，取下发电机正极线。拔下发电机上的 2 针插头 3，旋下线束固定夹箍的螺栓 4。

25）拆卸发动机前排气管。

①如图3-16中箭头所示,拆卸发动机前排气管支架螺栓。
②断开前排气管与涡轮增压器的连接。

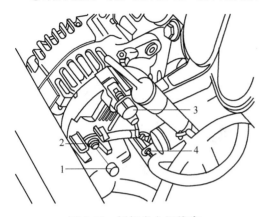

图3-15 拆卸发电机线束

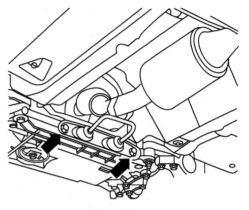

图3-16 拆卸发动机前排气管支架

26)拆卸传动轴。首先拆卸传动轴隔热罩。

①对于装配自动变速器的汽车,从轮胎外部中心拆下外球笼固定螺栓,然后拆下图3-17a中箭头所指的3个外倾自锁螺母,再如图3-17b所示沿箭头方向敲出传动轴。

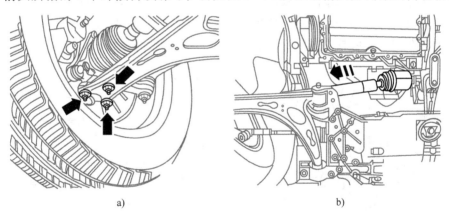

a)   b)

图3-17 拆卸传动轴

②对于装配手动变速器的汽车。拆下传动轴和变速器的联接螺栓,拔下传动轴并密封以防止被污染。

27)拆卸选换档拉线。

①对于装配自动变速器的汽车,将变速杆置于S档位置;如图3-18所示,用呆扳手2将变速杆拉线1从换档轴连杆3上顶出,将卡夹按箭头所示的方向安在一起并将变速杆拉线1从底座上取出,将变速杆拉线从支架上拉出。

②对于装配手动变速器的汽车,如图3-19a

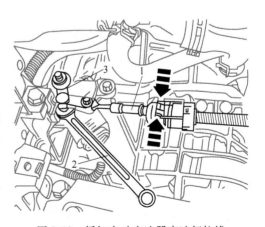

图3-18 拆卸自动变速器变速杆拉线

所示,将换档拉线的防松垫片 3 从变速器换档连杆 1 上拆下,将选档拉线的防松垫片 4 从换向杆 2 上拆下,将选档拉线和换档拉线从销轴上拔出;如图 3-19b 所示,旋下箭头所指的 3 个拉线支座固定螺栓,将拉线支座从变速器上拆下。

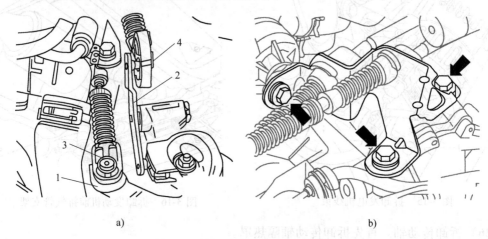

图 3-19　拆卸手动变速器选换档拉线

28) 拆卸液压离合器从动缸(仅对于装配手动变速器的汽车)。如图 3-20 所示,将组合管从定位件 A 上拔下,旋下图中箭头所指的离合器从动缸固定螺栓,取下从动缸。

29) 拆卸发动机舱隔板。如图 3-21 箭头所示,拆卸发动机舱隔板的固定螺栓。

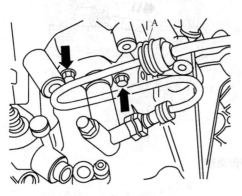 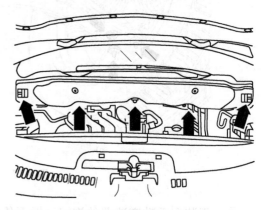

图 3-20　拆卸液压离合器从动缸　　　　图 3-21　拆卸发动机舱隔板

30) 拔下发动机线束与控制单元的连接插头,松开电缆托架。

31) 脱开发动机、变速器上的所有线束连接,如增压压力传感器、进气温度传感器、爆燃传感器、节气门控制单元、涡轮增压器循环空气阀、活性炭罐电磁阀、增压压力限制电磁阀、喷油器、点火线圈、冷却液温度传感器、机油压力开关、凸轮轴调节阀、霍尔传感器、曲轴位置传感器等。

32) 拆卸摆动支承。松开图 3-22 中箭头所指的摆动支承的固定螺栓,拆卸摆动支承。

33) 安装悬挂工装。如图 3-23 所示,将悬挂工装牢固地安装于发动机和变速器总成上,并用起重机将发动机和变速器总成吊住。

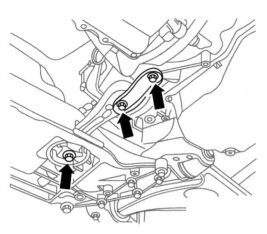

图 3-22 拆卸摆动支承

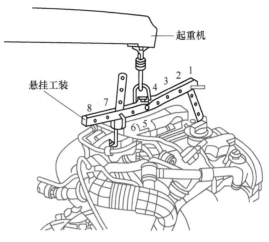

图 3-23 安装悬挂工装

34）拆卸机组支承。

①如图 3-24a 中箭头所示，将发动机侧的机组支承与发动机支架的联接螺栓拧下。

②如图 3-24b 中箭头所示，将变速器侧的机组支承与变速器支架的联接螺栓拧下。

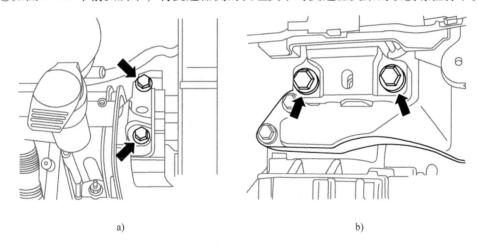

a) b)

图 3-24 拆卸机组支承

35）将发动机和变速器总成从发动机舱中吊出，放置在台架上。

36）旋下发动机和变速器的联接螺栓，将发动机和变速器分离。

①对于手动变速器，还需将发动机和离合器分离。

②对于自动变速器，还需断开 ATF 冷却器的软管连接。

③从变速器上拆下起动机。

3.2 发动机总成的拆解

本节讲述将发动机总成进行拆解的过程，拆解时按照先拆卸外围附件再分解本体的顺序进行。首先将发动机总成安置于翻转台架上，取下悬挂工装。

3.2.1 发动机外围附件的拆卸

1）拆卸发动机附加装置。如图3-25所示，旋下带张紧装置固定螺栓3，取下皮带张紧装置4；旋下发电机固定螺栓12，取下发电机5。按图3-26中1~6所示的顺序旋下支架固定螺栓，取下发动机附加装置安装支架（安装时按相反顺序以45N·m拧紧）。

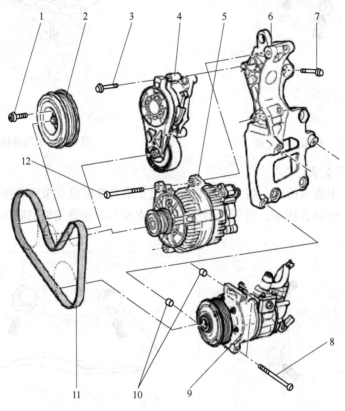

图3-25 发动机附加装置

1—带轮固定螺栓（40N·m） 2—带轮 3—皮带张紧装置固定螺栓（25N·m） 4—皮带张紧装置
5—发电机 6—发动机附加装置安装支架 7—支架固定螺栓（45N·m） 8—空调压缩机固定螺栓（23N·m）
9—空调压缩机 10—导向销 11—带筋V带 12—发电机固定螺栓（23N·m）
注：括号内为拧紧力矩，以下相同。

2）拆卸发动机侧面安装托架。如图3-27所示，旋下发动机侧面安装托架固定螺栓29、30，取下发动机侧面安装托架31。

3）拆卸发动机周围的冷却管路和冷却液温度传感器，如图3-28所示。

4）拆卸机油滤清器（图3-29）。

①旋下固定螺栓12与带孔螺栓14，脱开涡轮增压器进油管路13与机油滤清

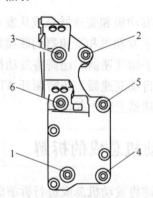

图3-26 发动机附加装置安装支架固定螺栓拆卸顺序

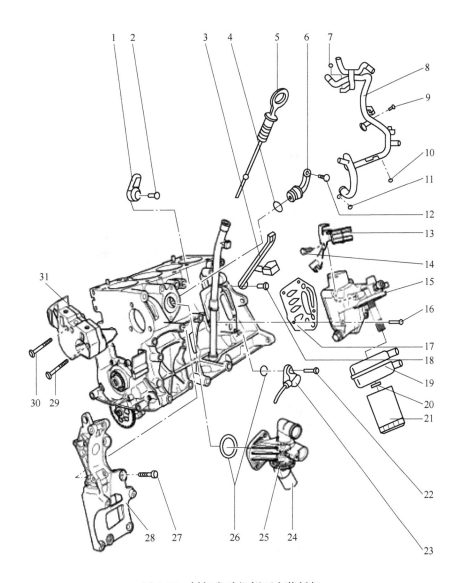

图 3-27 拆卸发动机侧面安装托架

1—爆燃传感器 2—爆燃传感器固定螺栓（20N·m） 3—支架 4、26—O形密封圈 5—机油尺 6—密封塞
7—固定螺栓（10N·m） 8—冷却液管路 9（20N·m）、10（15N·m）、11（10N·m）、12（15N·m）—固定螺栓
13—支架 14—支架固定螺栓（10N·m） 15—机油滤清器支架 16—固定螺栓（15N·m+90°） 17—挡板
18—固定螺栓（15N·m） 19—机油冷却器 20—固定螺母（25N·m） 21—机油滤清器
22—曲轴位置传感器固定螺栓（10N·m） 23—曲轴位置传感器 24—冷却液管接头
25—节温器 27—固定螺栓（45N·m） 28—附加装置安装支架
29、30—发动机侧面安装托架固定螺栓（45N·m） 31—发动机侧面安装托架

器底座 23 的连接。

②用机油滤清器扳手拆下机油滤清器 20，并将内部残余机油倒入指定容器。

③旋下机油冷却器固定螺母 21，拆下机油冷却器 22。

④拔出固定夹 9，脱开通风管 8 与机油滤清器底座的连接。

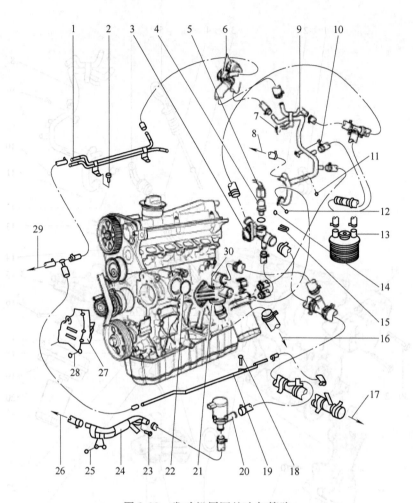

图 3-28 发动机周围的冷却管路

1、9、19、24—冷却液管路 2、7、10、11、12、14、18、23、25、28、30—固定螺栓
3—冷却液三通管路 4—冷却液温度传感器 5—冷却液温度传感器插头 6—通往和来自热交换器
8—至冷却液储液罐下端 13—ATF 冷却器（仅对于自动变速器车辆） 15—卡箍 16—至散热器下部
17—至散热器上部 20—冷却液继续循环泵 21—节温器壳体 22—O 形密封圈
26—至涡轮增压器 27—齿形皮带护罩 29—至冷却液储液罐上部

注：其中固定螺栓 2、7、10、11、12、14、18、23、25、28 的拧紧力矩均为 10N·m，
固定螺栓 30 的拧紧力矩为 12N·m。

⑤旋下机油压力开关并取下其密封垫圈。
⑥旋下机油滤清器底座的固定螺栓 18，取下机油滤清器底座。
⑦拆下挡板 5。

5）拆卸涡轮增压器前后的连接管路（图 3-30）。
①脱开压力控制阀 1 与进气软管 18 的连接。
②拆卸连接软管 5 和 6。拆下连接软管 5 两端的卡箍，脱开连接软管 5 与增压压力限制电磁阀 7 和金属管 10 的连接；拆下连接软管 6 两端的卡箍，脱开连接软管 6 与机械循

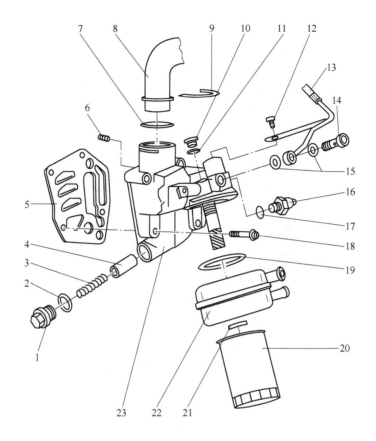

图 3-29 拆卸机油滤清器

1—螺塞（40N·m） 2、11—密封垫 3—弹簧 4—活塞 5—挡板 6—单向阀（8N·m）
7、19—O形密封圈 8—通风管 9—固定夹 10—螺塞（15N·m） 12—固定螺栓（20N·m）
13—进油管路 14—带孔螺栓（30N·m） 15—密封圈 16—机油压力开关（25N·m）
17—密封垫圈 18—固定螺栓（15N·m+90°） 20—机油滤清器 21—固定螺母（25N·m）
22—机油冷却器 23—机油滤清器底座

环空气阀4和金属管10的连接。

③拆卸机械循环空气阀4。脱开连接软管3与机械循环空气阀4的连接；拆下卡箍，取下机械循环空气阀4。

④拆卸增压压力限制电磁阀7。脱开连接软管8与旁通阀控制器的连接；脱开连接软管8与增压压力限制电磁阀7的连接，取下连接软管8；拆下卡箍，取下增压压力限制电磁阀7。

⑤如图3-2所示，拆下卡箍，脱开单向阀13与进气软管的连接。

⑥拆卸进气软管18。松开卡箍16，取下O形密封圈17与进气软管18。

⑦拆卸金属管10和连接软管15。拆下连接软管15与涡轮增压器的连接卡箍，脱开涡轮增压管支架的支撑，取下金属管10和连接软管15。

⑧拆下涡轮增压管支架固定螺栓，取下涡轮增压管支架。

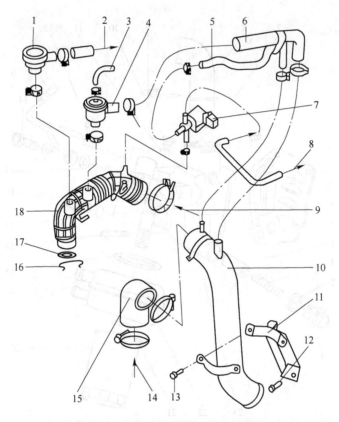

图 3-30 涡轮增压器前后的连接管路

1—压力控制阀 2—至凸轮轴通风和曲轴箱 3—连接软管（至涡轮增压器循环空气阀）
4—机械循环空气阀 5—连接软管（从增压压力限制电磁阀至金属管）
6—连接软管（从机械循环空气阀至金属管） 7—增压压力限制电磁阀 8—连接软管（至旁通阀控制器）
9—来自空气滤清器 10—金属管 11—涡轮增压管支架 12—支架固定螺栓（25N·m）
13—紧固螺栓（10N·m） 14—来自涡轮增压器 15—连接软管
16—卡箍 17—O形密封圈 18—进气软管（至涡轮增压器）

【知识点】 涡轮增压器（图3-31）由涡轮机、压气机等组成，其工作依靠各种控制装置完成（图3-2）。

（1）旁通阀控制器

旁通阀控制器由膜片分为左右两个腔室，与膜片连接的联动杆用来控制排气旁通阀的开启与关闭。旁通阀控制器的右室通大气，内有弹簧作用在膜片上；左室则连到增压压力限制电磁阀。当左室压力低时，弹簧推动膜片左移，并带动联动杆将排气旁通阀关闭；当左室压力高时，膜片右移，并通过联动杆将排气旁通阀打开，使部分排气不再流经涡轮机，从而降低涡轮机的转速和增压压力。

（2）增压压力限制电磁阀

增压压力限制电磁阀的结构如图3-32所示，它是一种二位三通式电磁阀，由发动机控制单元控制，其3个管口分别通高压空气端、低压空气端和旁通阀控制器。在中低

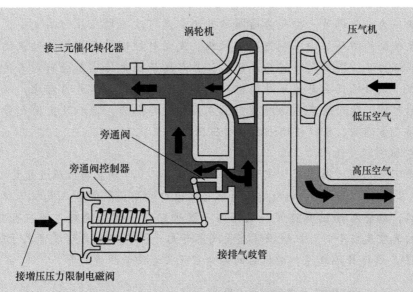

图 3-31 涡轮增压器示意图

速小负荷时，电磁阀处于断电状态，A 端与 B 端连通，旁通阀控制器自动调节增压压力；在加速或高速大负荷时，电磁阀由发动机控制单元以占空比的方式供电，低压通气 C 端与另两端连通，使加在旁通阀控制器膜片上的压力下降，旁通阀开度减小，增压压力提高，占空比越大增压压力越高。

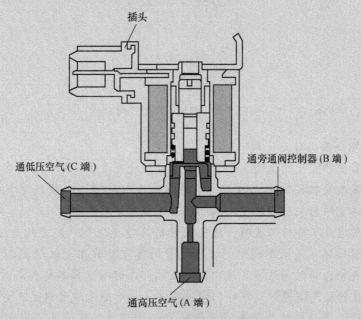

图 3-32 增压压力限制电磁阀

增压压力与增压器转速有关，而增压器转速又取决于废气能量。发动机在高速大负荷时的废气能量多，增压压力高；在低速小负荷时的废气能量少，增压压力低。因此，必须对增压压力进行调节。排气旁通阀的开闭程度可改变增压压力的大小，它由发动机控制单元控制的增压压力限制电磁阀操纵。发动机控制单元根据发动机的工况，由预存的增压压力脉谱图确定目标增压压力，并与增压压力传感器检测到的实际增压压力进行比较，然后根据其差值来改变控制电磁阀开闭的脉冲信号占空比，以此改变电磁阀的开启时间，从而改变旁通阀控制器左室的气体压力，进而改变排气旁通阀的开度，控制排气旁通量，借以精确地调节增压压力。

（3）机械循环空气阀

机械循环空气阀（图3-33）安装在增压器压气机出口软管与低压进气管之间，有3个管接头，2根粗管A、B分别与增压器压气机出口的高压软管和压气机入口的低压进气管相连接，细管C通过真空管与涡轮增压器循环空气阀相连接。阀内有真空膜片，当膜片室的真空度较小时，机械循环空气阀不开启；当有较大真空度作用于膜片上时，阀开启使得A端与B端相通，增压后的部分空气又返回低压进气管。

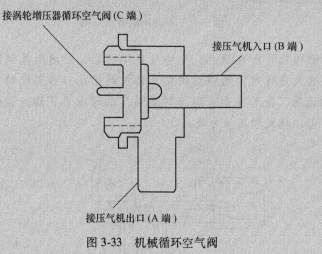

图3-33 机械循环空气阀

（4）涡轮增压器循环空气阀

涡轮增压器循环空气阀上的3个管接头分别与进气歧管、机械循环空气阀及真空罐相连接。该阀受发动机控制单元控制，不通电时进气歧管与机械循环空气阀的膜片室相通，通电时真空罐与机械循环空气阀的膜片室相通。

在发动机怠速或小负荷工况时，进气歧管的真空度较大，发动机进气不需要增压，此时涡轮增压器循环空气阀不通电，进气歧管的真空度作用于机械循环空气阀使阀开启，增压器压气机出口的高压空气流回到低压端，此时增压器不起作用。

在车辆高速行驶急减速时，节气门突然关闭，此时进气歧管内的真空度不足以开启机械循环空气阀，发动机控制单元将立即给涡轮增压器循环空气阀通电，使真空罐与机械循环空气阀接通，在真空罐强大的真空吸力作用下机械循环空气阀开启，增压器被卸荷。增压器卸荷的目的是使增压器压气机室至节气门前存在的高压压力瞬间被卸掉，使压气机叶轮旋转的阻力不致过大，这样一是能减轻高压气体对压气机叶轮的冲击，二是能使涡轮增压器保持较高的转速，使增压器在需要时能迅速地向发动机提供所需的增压压力，减轻涡轮增压器的"迟滞"现象。大负荷行驶时，突然松开加速踏板，节气门开度迅速减小，而涡轮转速仍然较高，若不加以控制，增压空气继续流向节气门，可能造成节气门的损坏。此时，发动机控制单元将涡轮增压器循环空气阀打开，接通机械循环空气阀的真空回路，这样，增压气体在管路中形成局部循环，避免了增压空气冲击节气门。

6）拆卸涡轮增压器（图3-34）。

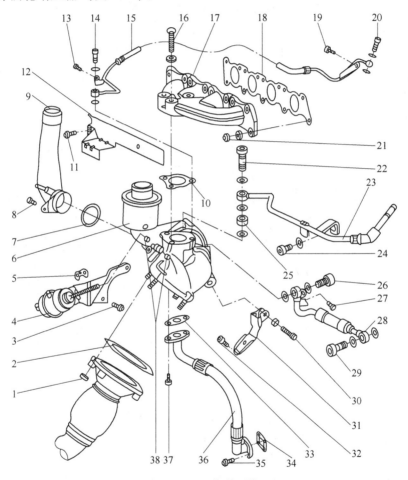

图3-34 涡轮增压器

1—紧固螺栓（40N·m） 2—密封垫 3、8、13、27、35、37、38—紧固螺栓（10N·m）
4—旁通阀控制器 5—固定夹 6—涡轮增压器 7—O形密封圈 9—进气管 10—密封件
11、19—紧固螺栓（20N·m） 12—盖板 14、20—带孔螺栓（30N·m） 15—进油管路
16—排气歧管紧固螺栓（30N·m） 17—排气歧管 18—排气歧管衬垫
21、24、32—紧固螺栓（25N·m） 22、26、29—带孔螺栓（35N·m）
23—冷却液回流管路 25—隔套 28—冷却液供液管路 30—支架紧固螺栓（30N·m）
31—支架 33、34—密封件 36—至油底壳的回油管路

①拆卸进气管9上的真空管。

②拆卸盖板12。

③拆卸涡轮增压器紧固螺栓32，拆卸冷却液管路带孔螺栓29，拆卸回油管路紧固螺栓35，拆下排气歧管紧固螺栓16，将涡轮增压器6及其密封件10取下。

④从涡轮增压器上依次拆下进油管路15、回油管路36、冷却液供液管路28、冷却液回流管路23和支架31。

7）拆卸排气歧管。旋下图3-35中箭头所指的排气歧管固定螺母，取下排气歧管和排气歧管衬垫。

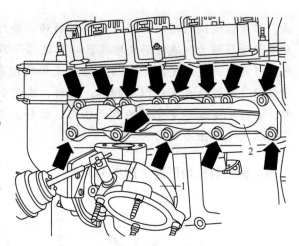

图3-35 拆卸排气歧管

8）拆卸真空管路（图3-36）。

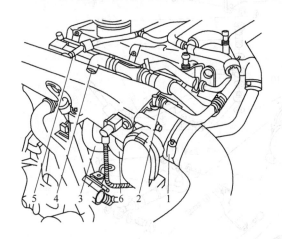 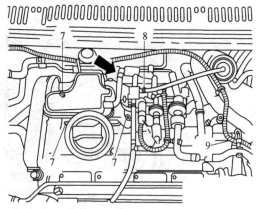

图3-36 拆卸真空管路

①拆下进气软管与进气管连接的夹箍1，取下进气软管。

②拔出真空管接口2（通向涡轮增压器和活性炭罐电磁阀），拆下活性炭罐电磁阀、图3-2中的单向阀6和单向阀15及其前后的真空管。

③拔出真空管3和4（通往制动助力器），取下接口4至制动助力器的真空管，拆下图3-2中的单向阀12和单向阀13及其前后的真空管。

④拔出真空管接口5（通往涡轮增压器循环空气阀）。

⑤拔下真空管6。

⑥取下机油尺及其导管。

⑦旋下真空罐螺栓7，断开箭头所指的真空管连接，取下真空罐。

⑧拔出真空管8，取下图3-2中的涡轮增压器循环空气阀2和单向阀5及其前后的真空管。

⑨拆卸凸轮轴通风管接头9，取下通风管。

9）拆卸进气管（图3-37）。

①旋下燃油分配管的两个固定螺栓，取下燃油分配管与喷油器总成。

②脱开喷油器与燃油分配管连接的夹箍，取下喷油器总成。

③拆卸进气温度传感器和节气门体。

④拆下进气歧管固定螺栓，取下进气歧管及进气歧管衬垫。

10）依次拆卸点火线圈和火花塞（30N·m拧紧），并按顺序摆放。

11）拆卸爆燃传感器和曲轴位置传感器。

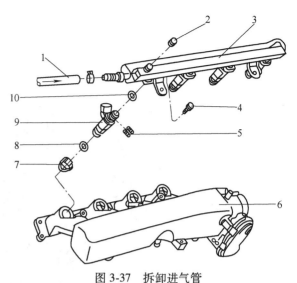

图3-37 拆卸进气管
1—供油管 2—排气阀密封塞 3—燃油分配管
4—固定螺栓 5—夹箍 6—进气管 7—喷油器中间件
8、10—O形密封圈 9—喷油器

3.2.2 发动机本体的分解

1）拆下齿形皮带上部护罩（图3-38）。

2）旋转曲轴将1缸活塞置于压缩上止点。如图3-39所示，凸轮轴正时齿轮上的标记必须与气缸盖罩上的标记重合，曲轴带轮上的标记必须与齿形皮带下部护罩上的标记重合。

3）拆卸曲轴带轮。如图3-40所示，用梅花扳手固定住中间螺栓，用快速扳手拧出带轮固定螺栓，取下曲轴带轮。

4）拆下齿形皮带中部护罩和下部护罩，标记齿形皮带的旋转方向。

5）拆卸张紧轮。将内六角扳手插入张紧轮并按压张紧装置，如图3-41所示，插入锁止工具将张紧装置锁定到凹槽中。旋下张紧轮的固定螺母，取下张紧轮。

6）如图3-42所示，旋下皮带张紧装置的固定螺栓1，取下皮带张紧装置。

7）取下齿形皮带，然后将曲轴略微反向旋转。

8）拆卸凸轮轴正时齿轮（装配关系参见图3-43）。如图3-45所示，用专用工具锁住凸轮轴正时齿轮，旋下凸轮轴正时齿轮固定螺栓，取下凸轮轴正时齿轮。

9）拆卸霍尔式传感器（装配关系参见图3-44）。旋下霍尔式传感器壳体的固定螺栓，取下霍尔式传感器壳体；旋下霍尔式传感器的垫圈和信号发生器的固定螺栓，取下垫圈和信号发生器。

10）拆卸水泵。如图3-46所示，旋下水泵的固定螺栓，取下水泵。

11）拆卸气缸盖罩。旋下图3-47中箭头所指的气缸盖罩固定螺栓，取下气缸盖罩、气缸盖罩密封件和机油挡油板。

12）拆卸凸轮轴和传动链。

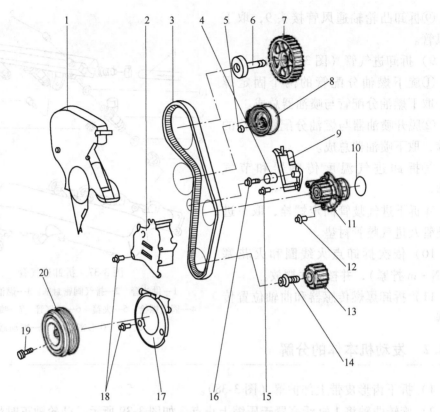

图 3-38 齿形皮带及其附件

1—齿形皮带上部护罩 2—齿形皮带中部护罩 3—齿形皮带 4—导向轮 5—张紧轮固定螺栓（25N·m）
6—凸轮轴正时齿轮固定螺栓（65N·m+90°） 7—凸轮轴正时齿轮 8—张紧轮 9—齿形皮带张紧装置
10—O 形密封圈 11—水泵 12—水泵固定螺栓（15N·m） 13—曲轴正时齿轮 14—曲轴正时齿轮固定螺栓
（90N·m+90°） 15—固定螺栓（15N·m） 16—固定螺栓（20N·m） 17—齿形皮带下部护罩
18—护罩固定螺栓（10N·m） 19—固定螺栓（25N·m） 20—曲轴带轮

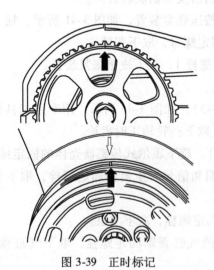

图 3-39 正时标记

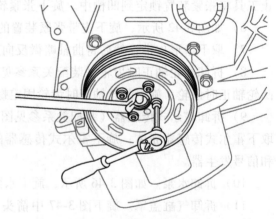

图 3-40 拆卸曲轴带轮

图 3-41　拆卸张紧轮

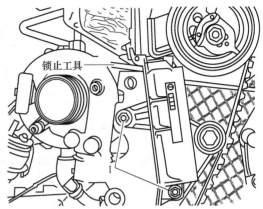

图 3-42　拆卸皮带张紧装置

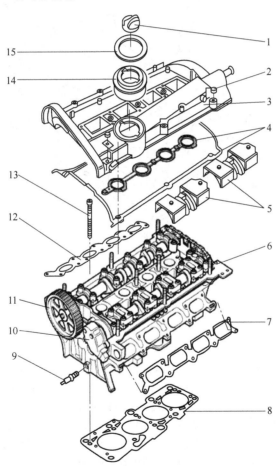

图 3-43　气缸盖罩

1—密封盖　2—固定螺栓（10N·m）　3—气缸盖罩　4—气缸盖罩密封件　5—机油挡油板　6—气缸盖
7—进气歧管封垫　8—气缸盖衬垫　9—张紧轮固定螺栓（25N·m）　10—霍尔式传感器　11—凸轮轴正时齿轮
12—排气歧管封垫　13—气缸盖固定螺栓（40N·m+90°+90°）　14—机油加注口底座　15—密封圈

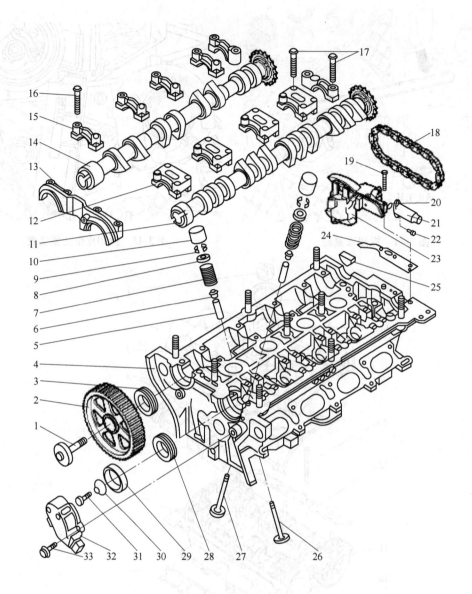

图 3-44 配气机构

1—正时齿轮固定螺栓（65N·m+90°） 2—凸轮轴正时齿轮 3—排气凸轮轴密封环 4—气缸盖
5—气门导管 6—气门油封 7—气门弹簧 8—气门弹簧座 9—气门锁块 10—液压挺柱
11—进气凸轮轴 12—进气凸轮轴轴承盖 13—双轴承盖 14—排气凸轮轴 15—排气凸轮轴轴承盖
16、17、19—固定螺栓（10N·m） 18—凸轮轴传动链 20—O形密封圈 21—凸轮轴调节电磁阀
22—固定螺栓（3N·m） 23—链条张紧器 24—橡胶金属密封件 25—密封塞 26—排气门
27—进气门 28—密封环 29—霍尔式传感器信号发生器 30—垫圈 31—紧固螺栓（25N·m）
32—霍尔式传感器壳体 33—紧固螺栓（10N·m）

①如图 3-48a 所示，清洁凸轮轴轴承盖上两个箭头相对应的传动链和链轮，并标记安装位置。

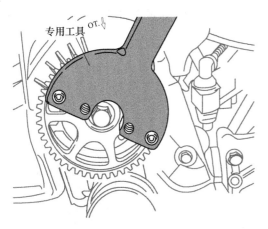

图 3-45 拆卸凸轮轴正时齿轮

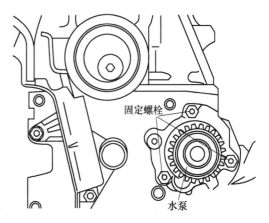

图 3-46 拆卸水泵

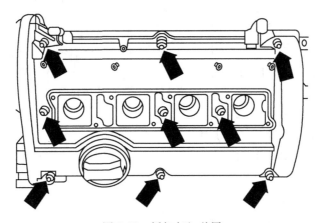

图 3-47 拆卸气缸盖罩

【注意】 两标记位置之间相隔传动链上的 16 个滚子。

② 如图 3-48b 所示，用专用工具（固定支架）锁住链条张紧器。

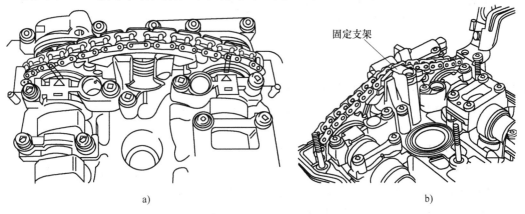

图 3-48 拆卸凸轮轴传动链

③如图3-49所示,按顺序依次拆下进气和排气凸轮轴的轴承盖3和5、双轴承盖6、轴承盖1。

④旋下链条张紧器的固定螺栓。

⑤沿对角交叉松开并拆下进气和排气凸轮轴的轴承盖2和4。

【注意】 按位置顺序依次摆放轴承盖。

⑥取下进气和排气凸轮轴、传动链、链条张紧器和专用工具(固定支架),并取下橡胶金属密封件。

13)拆卸气缸盖。按图3-50中所示的顺序,分多次旋松并取下气缸盖的固定螺栓,取下气缸盖和气缸盖衬垫。

14)拆卸油底壳(图3-51)。翻转发动机,分别拆下油底壳下侧和上侧的固定螺栓,用橡胶锤轻轻敲打油底壳下侧和上侧,并将其取下。

15)拆卸机油泵。如图3-52所示,拆下机油泵链轮的固定螺栓2,从机油泵轴上取下链轮。拧出螺栓1和3,取下机油泵和机油防溅板。

16)拆卸曲轴正时齿轮。如图3-53所示,用专用工具锁定曲轴正时齿轮,旋下曲轴正时齿轮固定螺栓,取下曲轴正时齿轮。

17)拆卸密封法兰、油封和飞轮(图3-54)。

①如图3-55所示,将曲轴正时齿轮固定螺栓旋入曲轴至极限位置,以导入油封顶拔器。

②将油封顶拔器的内件从外件中旋出9圈(约20mm),然后用滚花螺钉锁定。

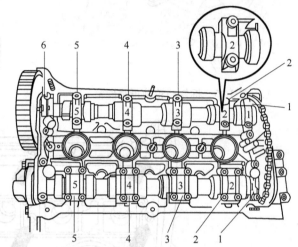

图3-49 拆卸凸轮轴轴承盖

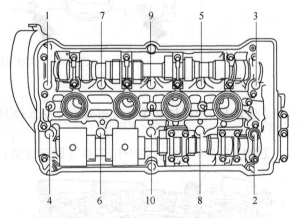

图3-50 拆卸气缸盖固定螺栓

③如图3-56所示,在油封顶拔器螺纹头涂上润滑油,装入并尽量用力下压旋入油封内。

④松开滚花螺钉,旋转内件直到拉出油封。

⑤如图3-57所示,拧下前密封法兰的6个固定螺栓,用橡胶锤轻轻敲打并将其取下。

⑥松开链条张紧器的固定螺栓,取下链条张紧器和传动链。

⑦如图3-58所示,标记飞轮相对于曲轴的安装位置,将定位工具安装到气缸体的孔中并锁定飞轮,旋下飞轮固定螺栓,取下飞轮、垫板。

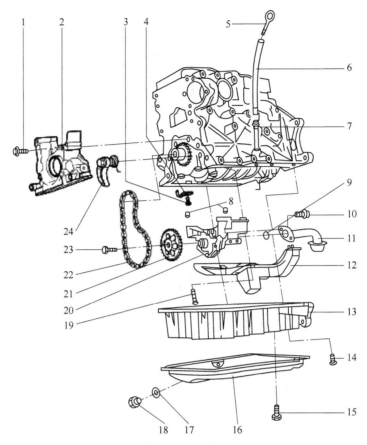

图 3-51 油底壳

1、10、14—固定螺栓（15N·m） 2—密封法兰 3—安全阀（27N·m） 4—机油喷嘴 5—机油尺
6—机油尺导管 7—导向管 8—定位销 9—O形密封圈 11—机油集滤器 12—机油防溅板
13—油底壳上侧 15—固定螺栓（22N·m） 16—油底壳下侧 17—密封垫片 18—放油螺栓（30N·m）
19—固定螺栓（10N·m） 20—机油泵 21—机油泵链轮 22—传动链
23—机油泵链轮固定螺栓（25N·m） 24—链条张紧器（15N·m）

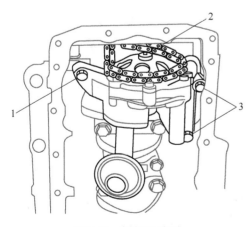

图 3-52 拆卸机油泵

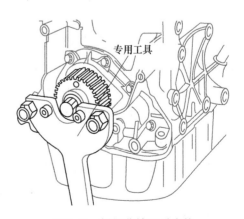

图 3-53 拆卸曲轴正时齿轮

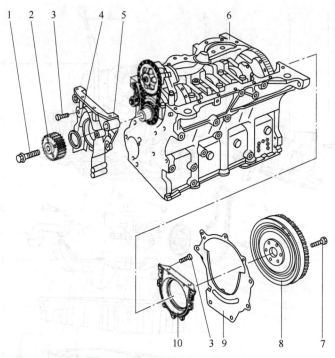

图 3-54 密封法兰、油封和飞轮

1—曲轴正时齿轮固定螺栓（90N·m+90°） 2—曲轴正时齿轮 3—法兰固定螺栓（15N·m）
4—前油封 5—前密封法兰 6—气缸体 7—飞轮固定螺栓（60N·m+90°）
8—飞轮 9—垫板 10—后密封法兰和油封

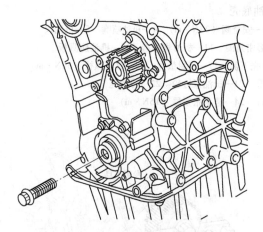

图 3-55 安装曲轴正时齿轮固定螺栓

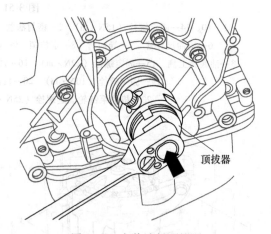

图 3-56 安装油封顶拔器

⑧拧下固定螺栓，取下后密封法兰及油封。

18）拆卸活塞连杆组（图3-59）。

①沿发动机旋转方向转动曲轴正时齿轮固定螺栓，使发动机1、4缸活塞处于下止点。分别拆卸1、4缸连杆螺栓，取下连杆盖；用铜棒推出1、4缸的活塞连杆组件，用手在气缸出口接住并取出活塞连杆组件。

②转动曲轴180°，使发动机2、3缸活塞处于下止点，用与拆卸1、4缸活塞连杆组同样的方法拆卸2、3缸的活塞连杆组。

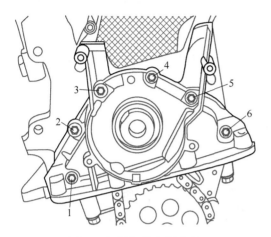

图3-57 拆卸前密封法兰

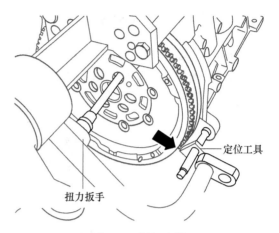

图3-58 拆卸飞轮

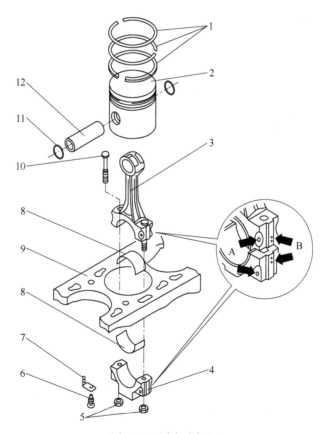

图3-59 活塞连杆组

1—活塞环 2—活塞 3—连杆 4—连杆盖 5—紧固螺母（30N·m+90°） 6—安全阀
7—机油喷嘴 8—轴瓦 9—气缸体 10—连杆螺栓 11—卡环 12—活塞销

【注意】 观察连杆与连杆盖、活塞的配对记号及安装方向,并按气缸顺序依次放好。若无记号,必须重新标记。对活塞做标记时,应从发动机前端向后打上气缸号,并打上指向发动机前端的箭头。

19)拆卸曲轴(图3-60)。按从两边向中间的顺序拆下曲轴轴承盖及轴瓦,取下第三道轴承盖两侧的止推垫片,取下曲轴,取下气缸体上的轴瓦。

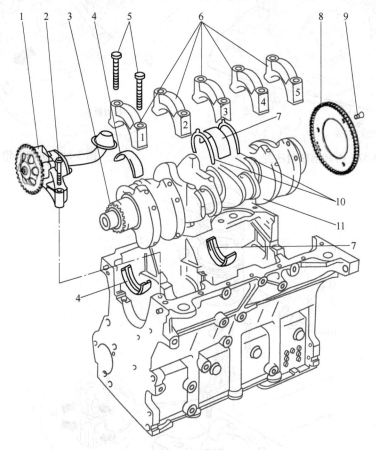

图 3-60 曲轴

1—机油泵 2—固定螺栓(15N·m) 3—机油泵主动链轮 4—轴瓦1、2、4和5
5—固定螺栓(65N·m+90°) 6—曲轴轴承盖 7—轴瓦3 8—脉冲信号齿轮
9—固定螺栓(10N·m+90°) 10—止推垫片 11—曲轴

【注意】 ①检查轴承盖上的位置标记,若无应做好安装位置标记;②记好轴承盖的装配记号与朝向,不同缸的轴承盖及轴瓦不能互相调换;③止推垫片的凹槽应朝外。

20)旋下脉冲信号齿轮的固定螺栓,取下脉冲信号齿轮。

21)旋下安全阀,取下机油喷嘴。

3.3 发动机总成的组装

3.3.1 发动机本体的组装

发动机本体的组装按照发动机本体分解的相反顺序进行，各螺栓按照 3.2.2 节图中注示的力矩拧紧，此外，还须注意以下几个方面。

1) 安装曲轴飞轮组。

①检查曲轴轴承盖上的数字标记和方向，将曲轴轴承盖按正确方位安装至气缸体。

②按从中间向两边的顺序以 65N·m 的力矩均匀拧紧曲轴轴承盖螺栓，然后再紧固 90°。

③安装完成后，需要检查曲轴旋转是否平顺。

④对准飞轮相对于曲轴的安装标记，按对角顺序以 60N·m 的力矩交叉拧紧飞轮固定螺栓，然后再紧固 90°。

2) 安装活塞连杆组。

①调整活塞环的开口方向，三道活塞环开口相互错开 120°。

②活塞连杆插入气缸时注意朝前标记，连杆不要接触机油喷嘴。

③选择与连杆相匹配的连杆盖，使连杆盖上的朝前标记朝前。

④安装完成后，检查曲轴旋转是否平顺。

3) 安装气缸盖。

①首先将 1、4 缸活塞转到上止点，再安装气缸盖。

②按照图 3-61 所示的顺序分三次拧紧气缸盖固定螺栓，首先以 40N·m 预紧，然后将所有螺栓紧固 90°，最后将所有螺栓再紧固 90°。

4) 安装凸轮轴。如图 3-62 所示，凸轮轴上的切口 A 与 B 之间，必须相隔传动链的 16 个滚子。

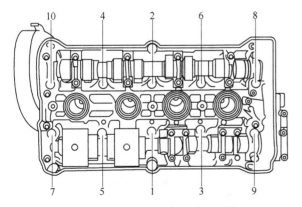

图 3-61 气缸盖固定螺栓紧固顺序

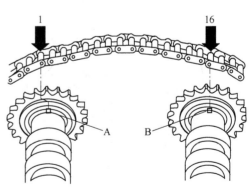

图 3-62 安装凸轮轴

3.3.2 发动机外围附件的安装

发动机外围附件的安装按照发动机外围附件拆卸的相反顺序进行，螺栓按照 3.2.1 节图中注示的力矩拧紧，还须注意带筋 V 带的旋转方向。

3.4 发动机总成的安装

本节讲述的是将 BPL 发动机总成安装于一汽大众速腾汽车上的过程，在原理上以与"3.1 发动机总成的拆卸"相反的顺序进行。但在安装过程中要注意以下事项。

1）所有在拆卸发动机时松开或切断的电缆扎带，在安装发动机时应再次在同一位置复原。

2）布置各种管路（如燃油、冷却液、活性炭罐、真空管路）和导线时不要改变原始的管路走向。

3）一般的螺纹联接拧紧力矩见表3-1，但发动机连接到变速器的螺栓 M10、M12 的拧紧力矩分别为 45N·m、80N·m，发动机前排气管支架螺栓的拧紧力矩为 23N·m。

表3-1 螺纹联接拧紧力矩

螺栓螺母尺寸	M6	M7	M8	M10	M12
拧紧力矩/N·m	10	15	25	40	60

4）安装机组支承。

①发动机侧的机组支承安装如图 3-63a 所示，距离 a 为 14mm，距离 b 至少为 10mm，两个螺栓头 1 必须与边缘 c 齐平结合。

②变速器侧的机组支承安装如图 3-63b 所示，边缘 a 和 b 必须相互平行，距离 c 为 18~20mm。

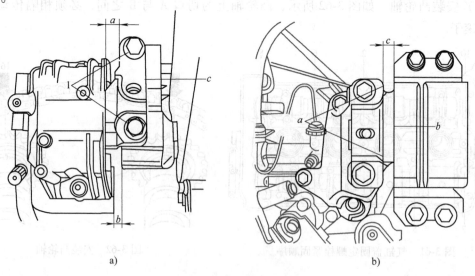

图 3-63 安装机组支承

5）安装离合器（对于手动变速器的汽车）。

①使用定心棒安装离合器从动盘，并检查对中情况。

②检查离合器分离轴承的磨损情况，若有必要进行更换。

③用润滑脂略微润滑分离轴承、分离轴承导向套和输入轴啮合齿。

④安装离合器从动缸时，用润滑脂略微润滑推杆末端，以 20N·m 的力矩拧紧固定螺栓。

6）将选换档拉线安装到变速器上，必要时需进行调整。

7）只能添加 G12 冷却液（紫色）。

8）重新连接蓄电池后，需进行以下操作：

①将用电器（如收音机、时钟、电动车窗升降机等）按照使用说明书重新投入使用。

②将发动机控制单元与节气门控制单元进行匹配。

③进行试车，然后查询故障存储器的内容，必要时删除故障码。

9）完成安装后必须让发动机怠速运行 1min，以保证涡轮增压器的供油。

参 考 文 献

[1] 史文库,姚为民. 汽车构造 [M]. 6版. 北京:人民交通出版社,2013.
[2] 关文达. 汽车构造 [M]. 4版. 北京:机械工业出版社,2016.
[3] 陈家瑞. 汽车构造 [M]. 5版. 北京:人民交通出版社,2006.
[4] 阎岩,臧杰. 汽车构造实习指导 [M]. 北京:机械工业出版社,2005.
[5] 阎岩,孙纲. 汽车构造实验教程 [M]. 北京:人民交通出版社,2012.
[6] 蔡兴旺,付晓光. 汽车构造与原理实训 [M]. 北京:机械工业出版社,2006.
[7] 程晟. 汽车拆装技能训练 [M]. 2版. 北京:中国劳动社会保障出版社,2004.
[8] 人力资源和社会保障部教材办公室. 丰田轿车拆装技能训练 [M]. 北京:中国劳动社会保障出版社,2009.
[9] 丰田汽车公司. COROLLA 修理手册 [Z]. 2010.
[10] 一汽大众汽车有限公司. 速腾2006修理手册 [Z]. 2005.